U0029839

女人要堅強而不逞強

寫給在生活中
遇到困頓與疑惑的妳的貼心話

周品均 著

CONTENTS

序　致我美妙的女性友誼　007

第 **1** 章

讓自己成為更好的人

自在、從容、生活有質感，
懂得善待自己，不刻意討好任何人。
保持對世界的好奇、對生活的熱情，
成為那個連自己也會愛上的女人！

什麼是自己？如何做自己？　014
愛自己，絕不是為了讓別人愛你　019
女人獨處的時候該想些什麼？　023
不再討好所有人　028
女人需要愛情，也需要友情　031
如何擁有自信？獨立自主是關鍵　035
年齡的迷思　038

你未必要漂亮，但是你得有質感　042

溫柔，是女性最大的力量　046

自我成長與生活的熱情　051

第 *2* 章

愛情裡的理性與感性

愛情，總是在生命中來來去去。
來的時候，兩人彼此陪伴，相互理解，
享受每一刻甜蜜與美好。
當愛不在的時候，世界並不會就這樣毀滅，
理性等待下一段更好的關係來臨。

為什麼我們需要愛情　060

先別著急，好好談場戀愛　065

失戀其實沒那麼嚴重　071

什麼才是對的人？　076

誰都可以騙，就是不要騙自己　082

CONTENTS

分手的主控權，掌握在你自己　088

想擁有最棒的愛情，經濟先獨立　094

女人青春很寶貴，沒結婚就是浪費？　099

懂得停損，當個聰明又有骨氣的女人　104

創造自己想要的生活　109

第 3 章

追求財務獨立的自己

女人經濟夠獨立，男人會更加敬重你。
職場上，機會是留給主動爭取的人，
你不僅要有野心，更要有競爭力！

找工作，為自己做決定，也為自己的決定負責　116

沒了愛情，才想拚事業？　121

你真的夠努力嗎？　125

職場上的三個忠告　132

停止抱怨！沒有人欠你什麼　138

多賺一點錢，事情好解決　145

非工作時間，你都在幹嘛？　152

取捨，才是人生最大的課題　158

打破職場倦怠的迷思　164

離職是一門學問　170

第 **4**·章

走入婚姻，未完待續

美麗的婚禮只有一天，婚姻卻是一輩子。
在說 yes 之前要知道，
眼前的王子也終將走入日常，成為家人。
一旦經不起柴米油鹽的平淡，
需要放手時，也無須畏懼！

對於婚姻，該say yes的對象，是自己　180

嫁人＝長期飯票？與其怨嘆命運，不如改變自己　187

只有適合結婚的對象，沒有適合結婚的年齡　192

CONTENTS

結婚前，你應該思考的事　197

新時代女性，絕非穿得時髦就可以對號入座了　203

婚姻的幸福關鍵　209

無時無刻，都要當個可愛女人　214

如何面對婚姻裡最大的殺手，外遇　219

離婚這件事　224

活出自我，無所畏懼　229

讀者們其實都很疑惑，我跟周品均是怎麼認識的？又為何成為好友？這個問題被問過好幾次，卻是第一次正正經經寫下來。

我與她相識在2006年，那時她是雅虎拍賣的賣家，我是一名化妝造型師。當時大家都在創業初期，而且她很年輕，不過20來歲，但我已經是而立之年了。

業務上的合作讓我們一週可能會見到兩次面，她待所有工作人員都好，不過那種好很有距離感。我很能體會那種距離感，說穿了其實就是別人以為是「距離」，但我們認為

是「分寸」的那種尊重。閒聊與公事拆分詳細，且不輕易用交換祕密或探人隱私來拉近關係。

說真的，這樣的人要跟別人成為好友是非常有難度的，因為即使和顏悅色，很多人還是覺得你「冷」。但這樣天然的冷，卻是她日後成為一名女企業家的優勢。

在密集工作的那兩年多裡，我們並無深入的交集，隨著事業體系越來越壯大，她身邊總是圍繞著形形色色的工作人員，很難有獨自一人的時刻，而我屬於不太跟工作上的人私下攪和的性格，所以基本上都是收工後就掰掰了。

我們未曾交換過手機號碼，或任何通訊資料（那年代是msn），所以寫到這裡，你是不是感到好奇，這樣毫無交集的兩人，日後卻能深交到有如一起長大的朋友？至今，連我自己回想起來，都覺得非常微妙。

但我想，這也許就是緣分吧。中國人有個習慣，凡是無法解釋時，就會用宿命論來解套。「緣分」兩個字確實非常好用，我跟她確實很有緣。

2008年我做了一個影響我後半生的決定——結婚，然後搬去北京。這個決定才剛執行沒多久，我就接到她打來的電話。知道嗎？她竟然約我喝下午茶。

那時她已經從嘉義搬到台北定居，公司也設在台北了。不知道是不是她在台北沒有什麼朋友，所以就姑且打給我？總之，我帶著一百個問號準時赴約了，從此，我們成為了無話不談的好閨密，我也成為這十二年來看著她結婚、生孩子、離婚、失去公司、重新振作、創立Wstyle的見證人。

她的小名叫小葳，認識久或熟的人都這麼喊她。撇開工作上的精明理性不談，她私下其實幽默得不得了，跟她聊天常常會被她風趣的語言逗得不知如何收拾自己的狂笑。即使在她人生最谷底的時候，她一樣有那種四兩撥千斤的幽默樂觀。

我想，這就是一個人最珍貴的品質。不是在得意的時候散發出來的，而是在最落魄潦倒的時候，你依然可以從她身上看見這種美好。她的善良是一種選擇相信就全然信任的

天真，所以很容易遭受到最無情的背叛，也勢必狠不下心去割捨一些如至親的情感。

我想可能連她自己都忘記了吧？在她正式離婚成功的那天，打了一通電話給我。那時我正在南京跟著藝人跑宣傳通告，坐在七人商務車上，把聲音壓得很低，隨著車子顛簸的節奏，搖頭晃腦地聽她說話。「這婚明明是我想離的，為何成功之後我竟然如此難過呢？」

同年年底，她被前夫架空權力，侵佔資產，被迫離開一手創立的公司。除夕那天見不到女兒，且台北的住所被換了鎖，連自己的衣物都來不及收拾就被轟出家門。

我陪她在信義區的百貨待到六點打烊。所有人都回家過除夕了，她只是謝謝我，幫我招了計程車，然後說：「新年快樂，別擔心我，等一下會去找我媽，跟他們一起過。」

小葳總說我內心強大，可在我看來，一個女人在32歲之前就經歷有的人一生該要面對的所有難事，嘗盡人性的酸

甜苦辣，卻始終沒有讓怨恨將自己的面目變醜陋，也是一位了不起的人。

相信嗎？她從來沒有對我淚眼哭訴過自己的遭遇，能見到她的眼淚通常只有在電影院。當然，那絕對不能是一部喜劇片才行。

小葳最常吐槽我的就是：「妳文章寫得太迂迴了，這樣沒有人看得懂，我來替大家翻譯一下。」然後，她就會用最精準也最接地氣的一段話，把我文字裡要表達的意思重新做一番梳埋。

寫序之前，我也曾考慮是否要寫得直白而煽情，畢竟這是兩個女人的友情。但最後我依然決定用自己擅長的風格，去描述一段在我心中無可取代的情感。

那是超越愛情、親情的一段美妙經歷，最開心的是，它依然在持續陪伴著彼此。

凱特王　2020.1.10

1

讓自己成為更好的人

自在、從容、生活有質感，
懂得善待自己，不刻意討好任何人。
保持對世界的好奇、對生活的熱情，
成為那個連自己也會愛上的女人！

什麼是自己？
如何做自己？

回顧自己的人生：

22歲創業，25歲結婚，

28歲當了媽媽，32歲離婚，34歲再次創業，

曾有失落，曾有低潮，

一直到現在，不但找回了自我，

並且才真正開始過上自己想要的生活。

現在的我，過得比以往任何時候都更加快樂且自在。

走過了這麼一遭，對人生也有諸多體悟，

我發現，女人要能夠過得快樂，

最重要的一件事，就是找到自我。

簡單來說，就是我們常聽到的「做自己」。

想要做自己，首先，你得知道，什麼是「自己」。

很多人誤以為，做自己指的就是可以耍任性或耍廢，
不然就是想幹嘛就幹嘛，不需要理會別人，
這樣的行為舉止，就是做自己。

其實不盡然是這樣的，做自己，絕非這麼簡單而已。
你得先找到自己、了解自己，才能做自己啊！

先想想，自己是什麼樣個性的人？
積極的，還是閒逸的？溫和的，還是激進的？
喜歡安穩的，還是喜歡變化的？
女性化的，還是中性化的？

你的興趣、愛好是什麼？

你的臉型、膚況、身形是怎麼樣的？

你的穿著偏向合身俐落，還是寬鬆休閒？

你喜歡吃些什麼？口味清淡還是濃厚？

假日喜歡宅在家，還是比較喜歡出門？

你對於工作、金錢的價值觀是怎麼樣的？

對於婚姻、生小孩的想法又是什麼？

這個世界上唯一獨特的存在──就是自己。

這些林林總總的個性、生活習慣、喜好、想法，

就會構成了你，一個非常獨特的你，

全世界絕對沒有人跟你是一模一樣的。

而所謂的做自己，就是清楚知道自己的喜好與價值觀，

且能夠真正做著自己想做的事、過上自己想要的生活，

不需要因為別人而掩飾自我，那才是真正地做自己。

舉個例子，如果你是一個不想生小孩的女性，
那麼面對身邊諸多對生小孩非常積極的朋友，
你是否能勇於說出「其實我是一個不太想生小孩的人」？

還是你會因為擔心別人的眼光，
或為了能融入別人的話題，而假裝成另一個自己，
勉強自己說出一些口不對心的話？

如果你是一個對職場沒有太大野心，
想要平平凡凡過日子的人，
你是否能夠忠於自我，選擇相對簡單或安穩的工作，
而不會在看到別人升職加薪時，又默默感到失落？

如果你總是需要假裝，
或者老是搞不清楚自己想要的是什麼，
那麼你一定會很不快樂。

如果你總是為了滿足別人的期待，
去做自己不想做的事、說自己不認同的話，
最終你會連真實的自我都漸漸變得模糊。

或許到了年老，回顧自己的一生，
才發現自己好像從未真正快樂過，
沒有得到過自己真正想要的一切，
那將會是多麼悲傷的一件事啊！

所以，為了不要讓這樣的事發生，
不管你現在幾歲，
一定要先認清自己是個什麼樣的人，
然後在人生的道路上，替這樣的自己選擇適合的道路，
才會漸漸走向幸福，過上自己想要的生活。

無論如何，都要忠於自我，好好地做自己！

愛自己，絕不是為了
讓別人愛你

身為女性，一定要懂得「愛自己」！

這也是我創立 Wstyle 想表達的品牌精神之一。

但是，很多女性好像都會不自覺說出：

「對，女人真的要愛自己，才會有別人愛你。」

這句話，我就不能苟同了。

我想告訴大家，

愛自己，的確是每位女性都要學習的一種能力，

但目的「絕不是為了讓別人愛你」。

這兩者有什麼不同呢？

簡單來說，如果愛自己、讓自己保持好的狀態，
都是為了「別人才會愛你」，
那麼這個別人，如果到了最後還是不愛你，
你很可能便會開始放棄自己。

或許是任自己發胖、任自己頹廢，
或許是開始不化妝、不打扮，甚至不想面對明天。
為什麼？因為你再也沒有愛自己的動力。

你甚至還可能會覺得：
「愛自己要做什麼？反正也沒有人會愛我。」
這個邏輯是非常可怕的啊！

非常多失戀後的女性，或鐵了心不想再談戀愛的女性，
很容易因為這樣的錯誤邏輯，
任由自己的外表變得蓬頭垢面，內心也自我放棄，
反正不等別人愛了，所以無所謂！
這樣萬萬不可啊！

一定要記住，
愛自己，絕對不是為了別人，
無論你是單身、戀愛中或已婚甚至離婚，
都仍要好好愛自己。

無論外表或心靈，都將自己維持在好的狀態。
這是再基本不過的一件事，請不要被任何人影響。

而且，女人絕對不是把自己打扮得時髦漂亮，
或者常去喝下午茶、做SPA就叫「愛自己」。

愛自己的前提是，你得先了解自己！

你願意花時間了解自己，清楚自己的膚質，
不會亂花錢買不適合自己的保養品。

你會隨著自己的年齡、身形替自己多方考量，
不會購買不適合自己的衣服，
更會隨著出席的場合，事先準備好適合的衣物與妝髮，
讓自己看起來永遠都很得體。

你理性、聰明、善待自己，
所以只把時間與金錢花在值得的人事物上。

你的每一個選擇，無論是生活上的消費，
還是重要的求職，又或者是伴侶的挑選，
甚至是做錯某些選擇後的停損決定，
都是你懂得愛自己的一種方式。

在人生道路上，為自己做每一個正確的抉擇吧！
這才是真正的「愛自己」。

女人獨處的時候
該想些什麼？

我們前面聊了許多有關做自己、愛自己的方式，

不過我相信，很多人對於所謂的「自己」，

還是感到有點模糊。

不太清楚這個「自己」，指的範圍有多大，

又到底是指我們的外在，還是內心？

我們又可以藉由哪些方式，越來越了解自己呢？

其實有時候，我們連自己到底想要什麼，

也都搞不清楚，對不對？

親愛的，請聽我說，

這些模糊、這些不清楚，

你感到的這些迷惘，都是正常的。

如果你有這樣的困惑反而是好的，

因為那表示你開始探究自己了。

每天，無論你多麼忙碌，

請記得留下一點獨處時間給自己。

很多人可能會說，但是我有小孩、我有老公，

還沒結婚的人可能會說，我跟室友、家人同住，

我沒辦法找到獨處的時間，怎麼辦？

其實，這個獨處的時間不需要太長，

並不是要你推開一切，把整個下午空出來，才叫獨處。

你可以利用像是泡澡、卸妝、敷面膜等時間，

又或者是淋浴時，這短短的 5 到 10 分鐘，

也很可能是睡前讓自己沉靜下來以後，

在你決定放下手機、關掉床頭燈以前的 15 分鐘。
身為多重身分的忙碌女性，請把握每一個小小的空檔。

利用這個短暫的獨處時光，
反思與檢討每天的自己，藉以調整工作和家庭的節奏。

在內心問自己幾個問題：

1. 今天的自己，過得好嗎？什麼事情讓你很開心？
什麼事情讓你感到不舒服或低落？為什麼？

思考一下原因，你會更了解自己。

你會發現，
原來這樣的事情，我會感到這麼開心。
原來這麼一點小事，我會感到這麼難受。

學著這樣跟自己對話，你的自我就會漸漸浮現，
你將不會再那麼容易感到迷惘。

這是一個過程，需要反覆練習，但是一點都不難。

2. 再試著想想，

今天的自己，有沒有犯下什麼錯誤？

或者跟誰產生什麼衝突或不愉快？

在工作上、為人處事上，或育兒過程裡，

有沒有什麼部分，其實應該可以處理得更好？

誰是你認識的朋友或崇拜的對象裡，

能把這些事處理得很好的人？

他可能會怎麼做呢？

最後再想一想，那麼下次，你自己會怎麼做？

這是一種檢討，讓你更加成長。

你在這個反思的過程，會看到自己的缺失，

知道自己的不足，你便會更謙遜，

懂得向更強的人學習，讓自己更提升。

看到這裡，有沒有覺得很神奇，

在這些短暫的獨處時光裡，

你可能就默默想透了很多事情，

甚至也默默提升了自我的層次。

而其實現實生活中的你，可能只是在淋浴而已。

養成這個與自己對話的習慣之後，
每天沒有來這麼一段時光，
你可能反而會很不適應呢！

如果一整天沒發生什麼特別的事情，
不知道該想些什麼，
那麼，就好好問自己一句：

現在過的生活，是自己想要的嗎？

無論是你的婚姻關係，或者工作、親子關係或其他一切。
如果有哪一部分，並不是自己想要的狀態，
那就試著去改變吧！

不再討好所有人

在女兒 4、5 歲的時候，
我已經常給她「愛自己」的觀念。

比方我會問：「全世界你最愛誰？」
第一次女兒大聲喊出：「媽咪！」

我開心之餘，笑著跟她說：
「媽咪好高興，
　但是我跟你說，全世界你最愛的應該是自己。
　我希望你先愛自己，再愛我就可以了！
　你可以愛很多人，但是請把自己擺在第一個。」

這代表什麼？

代表著，我不希望她為了討好我、讓我開心，

而勉強自己去做不喜歡的事情，

我相信她長大了會越來越明白我的意思。

這樣的觀念，放在友情、愛情、親情，甚至婚姻裡，

都是適用的。

很多女性過得不快樂，

就是因為太在意別人、太想討好別人，

總是患得患失，無法真正肯定自己。

因為你把快樂的權利都丟到別人身上了，

其實我們應該要有讓自己快樂的能力啊！

現在就思考一下，

日常生活裡，你是否總是為了別人的觀感，

為了討好別人，勉強自己做某些事，卻弄得自己不快樂？

如果老是為了討人喜歡，而裝出別人喜歡的樣子，

就會活得越來越沒有自己，

最後連自己也無法喜歡自己了。

我們千萬要記得，

無論你想怎麼做，或者不怎麼做，

都是為了自己，不是為了任何人！

記得當我處在不愉快的婚姻裡時，

最痛苦的時候我曾經想：

「是不是只要犧牲我一個人，大家都可以過得很好？」

努力維持表面的兩家和樂，

只有我知道自己一點都不快樂。

親愛的，

委屈絕對求不了全，選擇為自己而活吧！

現在的我，不再企圖討好所有人，

才真正得到內心的平靜。

女人需要愛情，
也需要友情

身為女人，我們需要愛情，當然也需要友情。

無論你的朋友多還是少，

一定要有一、兩個可以讓你稱為「閨密」的親密好友。

要能成為閨密，絕對不是一天、兩天的交情，

你們得一起經歷許多事，通過許多考驗，才會認定彼此，

其實跟談一段感情很相似。

或許你們平常只是分享彼此的近況與心情，

給予彼此意見，

但如果每次都能從對方身上得到很好的建議，

你會知道這是一個很棒的朋友，
接著你們會願意分享更多的事情，關係自然越來越緊密。

有些朋友只會跟你聊八卦，
或者只想從你身上探聽八卦，
每次都是有事要探或有事相求才會冒出來，
一次、兩次之後，下次你就不想再赴約了。

有些朋友看到你越來越好，會心生妒忌，
表面上為你高興，但你內心知道她並不真正為你開心，
私下可能都不知道是怎麼說你的，
這樣的朋友，我建議你保持距離。

有些朋友可能每次聊天，內容幾乎都是抱怨他人與批評，
你就得知道這樣的人，並沒有辦法給你帶來正面的影響，
與其一起沉淪，不如不要深交吧。

身為有事業也有家庭、生活實在很忙碌的女性，
真的沒有心力與時間，再去應付那些沒有養分，
也不會帶來快樂的相處，

我只想把時間花在那些值得的人身上。

懂得替自己挑朋友，是件非常重要的事啊！

真正的好姐妹，
對你的成功，只有真心的祝福，而不是眼紅，
更不會表面上逢迎，私底下八卦。

真正的好閨密，
對你犯的錯，只會說出真正的實話，
恨不得直接一巴掌打醒你，
不讓你繼續自欺欺人。

你們或許未必經常膩在一起，但面臨人生的重要決定，
你一定想找對方商量與分享，即便彼此再忙碌，
總會排除萬難，找時間見上一面。

我對友情的看法是，
朋友不必多，幾個高品質的就夠！
但一定要選擇能對你有正面影響的人。

在閨密面前，你不需要虛情假意或掩飾什麼，
你只需要做自己，因為你們彼此吸引對方的，
也就是那個自己，而不是別的。

你需要的是一個可以對你說實話，
也打從心底愛你，就「因為你是你」的人。

愛情，其實不也一樣？

如何擁有自信？
獨立自主是關鍵

女人到底應該怎麼樣才會有自信呢？

我覺得，獨立自主是關鍵。
但所謂的獨立自主，到底指的又是什麼？

其實，真正的獨立自主是一種心態。

並不是你可以自己開車出門，
也不是你的年收入很高，
更不會是你的行事作風有多強勢，
當然也絕對不是不斷強調「我不需要男人」。

許多女性誤解了所謂的獨立自主，
以為強勢與不需要男人，才是成就的條件，
事實上一點關聯都沒有。

你可以同時是沉浸在美好戀愛裡的女人，
又或者是正在職場裡努力向上的小資女，
也可以是扛起所有家務還要育兒的家庭主婦，
但同時仍是獨立自主的女人，
這一切毫不衝突。

獨立自主與否，完全取決於你的心態。

知道嗎？
女人的思想獨立，
清楚知道自己要什麼、不要什麼，
對任何事情都有自己的觀點與態度，
比起會自己開車、收入很高這樣的獨立更加重要啊！

至於經常會與自信連在一起討論的外在與打扮，
我又是怎麼看的呢？

我覺得女人並不是非得穿上洋裝或短裙，

再加上高跟鞋才叫作漂亮，

也絕不是得穿上俐落襯衫與窄裙，

才能稱之為優雅。

穿出自己的風格，懂得在不同的場合，

選擇適宜、得體的衣著，

並且讓自己感到自在，這樣的從容姿態，就很美麗。

無論你的穿著是什麼風格，

只要你是真正從內心感到自信，

就不會輕易懷疑自我，更不會老是擔心別人怎麼看你。

當你的自信來自於內在而不是外在的打扮，

當你不需要為了別人的眼光改變自己，

當你了解自己也懂得愛自己，

還能夠真正做到尊重他人並為自己負責，

你才是那個從內到外，都真正獨立自主的女性。

年齡的迷思

你對年齡有迷思嗎？我相信大部分女性大都會有一點。

我曾看過有位朋友，因即將迎接30歲的來臨，
大概是過度感到害怕，所以只要認識新的朋友，
她都說自己25歲。

連到健身房加入會員或平常填寫表格資料，
也都填寫25歲，試圖用這樣的方式，
讓自己停留在想要的年齡。

我回想自己在快滿30歲時，是什麼感覺？

的確，以前總覺得三開頭的年齡，
好像就是所謂的「中年人」了，
再加上我在28歲時生了女兒，
滿30後就是名副其實的「中年婦女」，
莫名地對這個數字感到小小的恐慌。

但是真正滿30歲之後，
卻是我對外表與內涵，都越來越感到充實與滿足的時期。

那是一種充滿自信，但又隨性自在的感覺，
是30歲以前的我從未有過的心境。

為什麼會這樣呢？我是這樣看的。

一般來說，大部分的人在22至25歲左右脫離學生身分，
真正地進入現實社會，從這個時候開始，
你的生活圈與各種價值觀都會逐漸變得不一樣。

我們對工作的態度、戀愛對象的選擇，
以及外在打扮、妝感、衣著上的喜好，

都會漸漸影響你未來將成為什麼樣子的人。

25至29歲的這段時光，
我們是在探索這個社會，也是在探索自己。

在這段期間，幾年的職場努力，
你可能終於有了一定的經濟基礎，
可以買得起自己想要的東西，
建立起自己的金錢觀。

你也大概知道了自己喜歡什麼樣的外在與打扮，
並努力往這個方向前進，
至於戀愛的經驗，也或許歷經了幾次跌跌撞撞，
終於有了一些心得。

30歲起的你，無論外在或內在，
一切都奠定了一個大致的基礎。

或許25至30歲期間，是女人最青春美麗的樣貌，
但往往伴隨著許多的不成熟，
30歲後的我們，才是心境也跟著成熟的時候。

對女人來說，
我覺得最可怕的其實並不是年齡的增長，
而是拒絕成熟與長大，無論心智或外表。

30歲以後的我們，對人生看得更透徹了，
對一切更有掌握度了，也或許更了解自己了，
出社會後努力的一切累積，將要開始發光發熱了。

所以，真的不需要感到恐慌，反而應該充滿期待，
迎接30歲後的自己，好好擁抱這個美麗的時刻吧！

你未必要漂亮，
但是你得有質感

身為女人，我們一定都希望擁有漂亮的外貌。

但是，五官與身形比例的漂亮與否，是先天決定的，

除非後天去大大改造自己，

否則真的不太可能完全符合這個社會所期待的美。

雖然，我們不必非得符合主流的審美觀，

而且女人內心的自信，也絕對勝於外表，

但是，這並不代表你就可以不注重外貌！

請務必記住：

「沒有人有義務透過你糟糕的外表去發現你的內在。」

五官的漂亮與否，或許是先天決定的，
但是我們的妝容、髮型、膚況、穿著與談吐，
卻都是我們可以控制的。

在這個什麼都很講究顏值的時代，
你可以不漂亮，但是至少要讓自己看起來舒服、得體，
否則不要期待別人得無視於你的外貌，看出你的內在。

知道為什麼日本、韓國的女生，
都那麼注重外表與打扮，
非常維護自我形象嗎？
因為他們的社會價值觀是這樣的：

「如果你連自己的外表都打理不好，
　你還能做好什麼事？」

我覺得這句話實在太棒了！
難怪日本人、韓國人，
大部分在公眾場合看起來都那麼乾淨漂亮，
因為對他們而言，這是對自己最基本的尊重，

別人也才會尊重你。

我常在韓國跟當地的設計師、攝影師、造型師合作，
我發現他們無論內在是個什麼樣的人，
他們至少會讓自己看起來，
就是從事該職業「應該有的樣子」。

比方說，設計師的穿著通常走在流行前端，
攝影師未必前衛，但打扮會有自己的調調，
造型師則是自己的妝髮都非常完美，
至少在第一眼的印象，
你會覺得他們看起來像是厲害的人物。

雖然未必等於真正的專業能力，
但是第一印象總是差很多啊！

如果我們的能力與實力都不輸給別人，
那麼，是不是可以讓自己的外貌更配得上自己的內在呢？

所以，只要是會跟我一起出國的出差助理，
我都會特別交代，請不要為了輕便簡單，
就素顏或不打扮自己。

我們跟國外的團隊合作，
代表的是自己的品牌或企業形象，
想要人家的尊重，就得先尊重自己。

我們未必要漂亮，但是打理好自己的外貌，是最基本的，
至少讓自己看起來乾淨舒服。
穿適當的衣服、化適合的妝容，舉止與談吐得體，
這些細節，都會讓你更有質感，看起來更專業。

我們未必天生漂亮，但是我們可以努力，
做個從內到外都有質感的女人！

溫柔，
是女性最大的力量

有時候在下午茶咖啡廳或餐廳裡，
難免會看到以下的情況：

長得漂亮又打扮入時的顧客，
態度高傲地對服務生頤指氣使，
散發著「伺候我本來就是你們的職責」的態度。

這樣的女性，即便外表再美麗時髦，
或者事業再有成就，
也實在讓人無法欣賞。

我發現許多女性，
其實分不太清楚「高傲」跟「自信」兩者的差異，
甚至把「堅強」與「強硬」也給弄混了。

誤以為有自信就是不需要聽進別人的意見，
堅強就是不需要跟別人溝通與妥協，
自己想做什麼就做什麼，一點也不需要理會別人。

尤其是事業成功或者收入較高的女性，
更容易不小心就用過度高傲與強硬的態度對待別人，
也很容易過度展現出「我不需要男人」的姿態。

於是她們經常讓人覺得個性難搞、難相處、讓人不舒服，
這大概也是社會對於女強人的刻板印象。

其實呢，我們的自信，來自於我們內在的能力，
並不需要用高傲或鄙視別人來展現，
即便別人不一定認同你、肯定你，你也不會覺得受傷，
因為你知道自己是怎麼樣的人，
因為什麼原因，才要做怎樣的選擇。

而我們的堅強，則是因為內心的平靜，
也絕對不需要用強硬的態度去表達，
千萬不要小看了女性溫柔而堅定的力量。

最棒的女人，是怎麼樣的呢？
我覺得是：能夠柔情似水，卻也能堅強如鐵。

溝通協調的時候要柔軟，立場與原則卻要謹守，
試著多多練習，將內心的原則或訴求用溫柔的語調說出，
你會發現，溝通將會更順利，也更和緩。

例如，當你遇到一件不合理的事情，
你可以溫柔但堅定地說：
「可是這樣的話，我不太能接受耶，
　那麼或許要請你通知一下主管，麻煩你了喔。」

記得態度與眼神都要堅定，並不是小妹妹撒嬌式的語氣，
通常對方會感受到你的立場，
如果真的不能同意你，也會有禮貌地回應你，
這個時候你可以再考慮下一步要怎麼做。

千萬不要在感受到不合理時，

一下子就說出太過強硬的話語，

例如：「這太不合理了！太過分了！

怎麼可以這樣？叫你們主管出來！」

通常場面會立刻鬧得很僵，

即便你沒有錯，看起來也會像是你在鬧事一樣，

實在沒有必要。

千萬要記得，作為女性，

一定要外柔內剛，不要外剛內弱！

據我的觀察，很多女性都是後者，也就是：

外在非常強勢，但內心卻沒有原則，甚至有點軟弱。

但就因為內心的軟弱，所以用了更強勢的態度保護自己，

再加上不懂得前面所提到的「溫柔且堅定的溝通技巧」，

經常讓自己四處碰壁，無論在職場上、人際關係上，

甚至在戀愛與婚姻關係裡，其實都非常吃虧啊！

不要害怕展現溫柔，
因為溫柔並不是缺乏自信地輕易妥協、毫無原則，
那只能叫作軟弱。

溫柔是你知道柔軟的力量比暴躁、強硬更有效，
面對人生路途上的溝通、挫折、衝突與挑戰，
你都能夠善用女人溫柔的力量，優雅且自信地去面對。

請記住這句話，
可以溫柔也可以堅強，才是最棒的女人。

自我成長
與生活的熱情

我發現越來越常被問到以下問題：

「是如何對事業保持活力的？」
「為何不會對生活感到倦怠？」
「應該怎麼保持自己的熱情？」

這些問題，在事業、家庭或自我等不同的面向裡，
我可能會有不一樣的答案。

先來聊聊事業。

首先，我選擇了一項我很喜歡的事情作為事業，
所以本身就充滿了熱情，
但是只有熱情就足夠嗎？這可能是很多人的迷思。

或許熱情是一開始的動力，但是只有熱情是不夠的！
熱情其實是很容易就消耗殆盡的東西。

當你無法從事業中獲得足夠的自我成長，
很快地，
你會感到索然無味，無論原本你有多麼喜歡它。

由於我的重點在「自我成長」，
所以即便是挫敗，對我也是養分，
因為我又學到了更多，
也因此我並不容易被挫折擊垮。

如果你只在乎「成就感」或「有沒有賺更多的錢」，
便很容易因為沒有被稱讚或升職加薪，
甚至是因為出點小包被責怪，
就陷入挫敗感，而感到自我懷疑。

如果你跟我一樣，把重點放在「自我成長」，

把遇到的所有考驗都當作是養分，

即便犯了錯、挨了罵，你都會覺得自己得到更多。

說也奇怪，當你抱持這樣的正面態度，

你反而很容易往上爬，也更容易把事做好，

升職加薪就隨之而來。

試著練習看看，你只是需要把目標稍做改變而已！

至於家庭，

我承認，當邁入中年，上有老、下有小，

成為典型的三明治族，真的很辛苦。

會不會感到倦怠？當然會呀！

或許我會因為壓力與疲憊而消沉一個晚上，

但是隔天起床我便會振作起來，迎接新的一天。

所以，你知道嗎？

那些看起來充滿活力的人，
並不是不會感到壓力或倦怠，
他們只是恢復期比較短，
不會放任自己一直耍廢下去！

我是怎麼做到的呢？
分享一個小小的祕訣，真的非常簡單又好用。

我發現大家經常都是這樣的思考邏輯：
「好累、好痛苦，到底要怎樣才能振作起來？」
偏偏就是找不到方法也找不到動力，
所以一直頹喪下去。

但我卻經常抱著相反的思維，你也可以試試看。

我會問自己：
「如果一直這樣耍廢下去，一切會改善嗎？
　根本就不會！而且情況還只會更糟！」

然後再問自己：「那你想一直這樣糟糕下去嗎？」

答案是不想啊！於是我便振作了。

就是這麼簡單！
給自己十秒鐘做點反向的思考，
我就想透了。

選擇不去做對自己只有壞處、卻沒好處的事，
不是很基本的嗎？

最後是對生活的熱情。
我覺得培養各種興趣，並懂得在生活中找出樂趣，
是很重要的。

我發現，即便是去同一個地方旅行，
有些人覺得無趣，有些人卻覺得處處是驚喜。

當你的興趣越廣泛，當你對周遭環境的感受力越強，
你能夠得到的就越多！

某年夏季，我去了一趟希臘，
除了大家熟悉的藍白小房子，
我也對當地的手工編織地毯、抱枕，
以及南歐風的家居擺設充滿興趣。

再加上地中海氣候特有的樹木與花卉植栽，
以及觀察當地是如何包裝自己的特色，
並運用天然資源發展觀光事業。

每天光是欣賞跟研究這些事物，
我就覺得心靈很滿足。

更別說當地著名的愛琴海日落，
每天的雲彩變化都不一樣，
還有地中海的美味料理、美酒以及當地人的熱情！

每看到一件新鮮或不懂的事物，
我就立刻上網查詢或開口詢問，
又讓自己學到更多！

因為好奇的事情很多，喜歡的事物也很廣泛，
所以我獲得的知識與樂趣也變得越來越多！

這個正向的循環，
讓我成為一個豐富、好聊，甚至有趣的人。

如何不把生活過得很無趣？
或許你自己得先是個有趣的人！

學會自我成長，讓自己不無聊，
那麼，生活便會是由我們選擇怎麼去過！

2

愛情裡的理性與感性

愛情，總是在生命中來來去去。
來的時候，兩人彼此陪伴，相互理解，享受每一刻甜蜜與美好。
當愛不在的時候，世界並不會就這樣毀滅，
理性等待下一段更好的關係來臨。

為什麼
我們需要愛情

女人，無論你的事業多出色、性格多獨立、年收入多高，
我都不認為，你就不需要愛情。

愛情是人生中多麼美好的一件事，
為什麼我們要放棄去感受它、擁有它？

認為事業很出色、收入很高，所以就不需要男人的女人，
也許只是把男人當作經濟來源或飯票了？
所以一旦你自己可以養活自己，
你就以為自己不需要男人、不需要愛情了。

親愛的，愛情可不是這樣的東西啊！

曾有個讀者問我，

她說自己有很高的學歷，並在知名外商企業工作，

收入也很不錯，名下有輛歐洲進口名車，

平常就自己開車趴趴走，自由自在的。

也就是說，她完全不需要依靠男人，就過著很棒的生活。

但是，每個週末與男友約會時，她總會覺得，

我沒有什麼需要依賴對方啊！

那為什麼我還要跟對方在一起？

突然不明白交男友的意義是什麼？

難道，男友就只是週末一起看電影、吃飯的伴嗎？

我告訴她，

你不需要依靠男人就有這麼棒的生活，

當然是很好的一件事，

但是這跟談戀愛、交男友，是沒有關聯的一件事。

我認為，你交男朋友、談戀愛，
應該是因為跟對方在一起很開心，你喜歡跟對方相處！
有個談得來的對象，可以分享各自的生活，
很多時候，兩個人一起做一件事，比自己一個人更快樂。

談戀愛，就是單純地想要跟對方在一起，這麼簡單！

而不應該是，你需要對方開車接送你，所以才要交男友，
你需要跟對方同居可以省房租，所以才要交男友，
你需要週末有人請你吃飯看電影，所以才要交男友。

你們是因為快樂，所以談戀愛！
沒有要圖對方的什麼東西。

你喜歡跟對方相處，感受彼此之間的親密，
你有很多話只會對他說，而他也是這樣對你，
你們之於彼此，都是特別的存在。

愛情，就應該只是這樣。

為什麼要因為物質上、經濟上不需要對方，
而質疑自己不需要愛情、不需要男人呢？
難道，愛情一定要跟物質與經濟畫上等號？

即便連事業這麼成功、收入這麼高的現代女性，
內心仍存在這樣的想法，可見我們被制約得多深啊！

自古以來，女人的愛情就經常被跟物質、經濟綁在一起，
女人被迫用愛情、婚姻，換取生存下去的條件，
以至於誤解了愛情的意義。

能不能，
我們之所以想跟對方在一起，就只是因為愛呢？
我們彼此需要的，就是彼此的陪伴，如此而已。

這才是我認為的，愛情的定義。

無論你有多獨立、多堅強，
多麼不需要靠別人，自己就能打造人生美好的一切，
也不要讓自己失去談戀愛的能力。

千萬不要老是告訴自己：
「一個人比較自由自在，
　單身比較美，我不需要男人或愛情！」

女人不需要用高傲與孤僻來證明自己很有能力，
獨立堅強與否跟需不需要戀愛是兩件事！

愛情，讓我們懂得去愛、去付出，
被愛的過程中也探索著自己。

這是人生很美好的體驗，請永遠不要放棄對愛的追尋。

先別著急，
好好談場戀愛

不少人在我離婚後問過我，會不會想再結婚？

我都說，一下子就談到婚姻也太嚴重了吧！
怎麼不先問我，會不會想再談戀愛呢？

不知道是不是已經在婚姻裡走過一遭，
所以對結婚已經沒有不實的憧憬。

反而覺得，結不結婚無所謂，
兩個人在一起覺得開心，能互相扶持與體諒，
一起感受這個世界的美好，才是最重要的。

那麼對於戀愛的對象，我又有什麼標準呢？
比方說，身高、長相、收入等等，
也有不少人會這樣問我，要我給個答案。
我每次都要想個老半天，卻答不出來。

如果真要我說，
我會希望是能說得上話、聊得來的對象吧！
然後個性上溫暖貼心一些就好了。
最主要還是，我喜不喜歡對方啊，這才是最重要的條件。

有個男性朋友聽完就說：
「你好賊啊！
　看似只希望能談得來，加上你喜歡就好，
　對身高、收入、長相都沒要求，
　殊不知你說的這些才是最難的！」

我笑著說：「對啊，不然呢？如果連話都說不上，
身高長相多符合條件、收入多高，又有什麼意思呢？」

我看重的是對方的靈魂，從不只是外表。

所以，別急著替自己的戀愛對象設定太多外在條件，
多多認識不同生活圈的朋友，不要有太多的設限，
你才能在不同的戀愛過程中，
探索自己真正想要的、需要的。

我認為，戀愛就是一個探索自己、認識自己最好的方式！

所以千萬不要只是害怕寂寞而談戀愛，
比方不想一個人出門、不想一個人吃飯，
這種「只是想要有人陪」的心態，
其實只是害怕孤單，不是真正的愛啊。

也有很多人，因為一段感情的失敗，
為了忘掉前男友而輕易投入下一個人的懷抱，
卻從來沒想過，自己到底想要什麼、適合什麼，
上一段感情隱藏了哪些問題，自己應該要調整些什麼。

所以，很容易又找到一樣差勁的對象，
遇到同樣的問題，不斷犯下同樣的錯，
最後還是很不愉快。

我還發現，
太多女性把「結婚」這件事當作談戀愛的唯一目的，
於是在戀愛過程中，太快就想要以結婚為前提，
總是急著把自己當作對方的太太。

比方說，交往之後，以很快的速度同居，
然後開始替對方做飯、洗衣服、撿臭襪子，
對於男友的生活管東管西，儼然一副女主人的樣子，
有些人，甚至是在沒有同居的情況下，也這麼做。

但也因為這樣，很快就變成老夫老妻的生活，
一下子就沒了談戀愛的感覺，
把戀愛經營成婚姻般的樣子，如果最後沒能修成正果，
便覺得自己非常可憐，做的一切都很不值得！
卻從沒想過，有人逼你這樣做嗎？

當然，也有不少人最後也就這樣順理成章結了婚，
而真正成為對方的妻子之後，
卻開始抱怨對方，沒有約會、沒有浪漫，
婚姻生活好無趣。

簡單來說，就是談戀愛的時候，不好好享受戀愛的過程，
硬是要把自己當老婆、把對方當老公，
結了婚，才又想要恢復成男朋友、女朋友，
希望有戀愛時的浪漫與甜蜜，這其實是很矛盾的行為啊！

我總納悶，為什麼戀愛的時候不好好戀愛呢？
戀愛的過程是很美好的，才不是洗衣服，撿襪子！
這些柴米油鹽醬醋茶的事情，
等你結完婚以後多的是，急什麼？

試試看，談戀愛的時候就好好戀愛吧！

戀愛時，不要那麼快就想著是不是要結婚，
找到一個讓你快快樂樂、開開心心的的伴，
一起分享日常，一起度過許多時刻，或是一起旅行。

如果你們一起歷經了很多美好與艱難，
你們的感情越來越深刻，
再來考慮適不適合一起組織家庭，
那才進入婚姻的階段。

如果連談戀愛都相處不來，還談什麼婚姻呢？是不是？

婚姻不是人生的全部，只是我們可以做的一個選擇，
選擇了以後，就好好地愛護它、經營它。

但在踏入婚姻以前，
先別著急，好好談場戀愛吧！

失戀
其實沒那麼嚴重

談戀愛雖然很美好，但當然也會有失戀的時候，

無論是你提出分手，還是被分手，

要與一個曾經相愛且熟悉的人分開，誰都不好受。

如果說，親情、愛情、友情、事業與自己，

是構成我們人生的五大面向，

試著幻想，如果這是一個圓餅圖，

你會怎麼分配其中的比例？

愛情這一塊對你的重要性而言，應該有多大呢？

大部分男人都是這樣的：事業佔據較大的比例，
因為他們從小就知道經濟的重要性，
事業好、經濟好，在其他面向上，他們才有選擇權，
於是相較女人來說，男性更加注重在事業上的投入。

跟男人相比，大多數女人則把愛情的佔比放得很大，
遇到失戀，簡直比失業的打擊還嚴重！

曾看過不少女性，
只要戀愛很順利，就會容光煥發、眼神散發光彩，
一旦失戀，就愁雲慘霧、蓬頭垢面，連打扮都懶了，
總要失去自我一陣子，才能漸漸走出來，
感情這件事，幾乎掌握著她的人生。

多少身邊的女性，甚至是我們自己，都是這樣呢？

試想，男人失戀的時候，會不會就不想工作了？
恐怕更會覺得，事業要更加油一點，
才能追求條件更好的對象吧？
那麼，為什麼女人失戀的時候，卻什麼都不想要了？

經常覺得被拋棄的自己，就沒價值了？
嚴重一點的，甚至還想折磨或傷害自己！

為什麼女人總是要把自己的價值，
跟感情這件事捆綁在一起呢？

相較來說，
大部分男性認為愛情只是人生的一部分，
照顧好事業，愛情可以慢慢再來追求，
沒有事業，則什麼都別想談。

而女性，卻經常認為愛情就是人生的全部，
失去愛情就失去全世界，這真的是女人最大的弱點啊！

要克服這一點，其實很簡單，
就是先認清，愛情只是人生的其中一部分，
我們還有人生的其他面向要顧，
不要把愛情的佔比放得太大了。

離開一段感情，無論分手的原因是什麼，

當然都會難過、傷心，甚至是哭泣或氣憤，
我不是要你完全沒有這些情緒，
是要你不要為了這樣的悲傷，就對其他一切提不起勁，
失去對生活的熱情。

擁有愛情或失去愛情的我們，
都還是原本的那個自己，
千萬不要因為失戀，或者被分手，
就認為自己什麼也不是了。

人生又不是迪士尼，不會永遠有美好的結局，
誰不是帶著傷痛繼續往下走呢？

先別管結果了，
談戀愛的時候，盡情享受這個美好的過程吧！

至於失戀的時候，
你可以反思、檢討這段感情有什麼問題，或許自己犯了錯，
這就是一個探索自我的方式。

想辦法從其中獲得更多，作為下一次戀愛的修正，
但千萬不要因失戀而懷疑自我、放棄人生。

談一段感情，無論最後是否修成正果，過程一定有獲得，
絕對不會是浪費，別把失戀看得太嚴重了！

無論是不適合，還是誰不愛誰了，分開總是比較好的，
恢復單身，我們才有機會找到更適合自己的人啊！
與不對的人苦苦糾纏下去，才是浪費人生！

所以，輕鬆一點看待失戀這件事吧！

失戀就像是把這本曾經熱愛的書籍看完了，
再換下一本試試吧！
你怎麼知道下一本不會更好看呢？

什麼才是對的人？

在戀愛的過程中，你是不是經常感到迷惘，
不確定正在交往中的他，是不是那個「對的人」？

怎麼樣才知道，
這段感情應該繼續堅持下去，還是該放棄？
有沒有一個標準可遵循？

感情這件事，既然是感性的，
很多事情都是看你自己的感覺，
當然就不會有固定的判斷標準。

但是當你想評斷這段感情是否值得繼續，
可以跳脫出彼此的關係，用理性來思考幾個問題。

你經常感到快樂嗎？
還是常在擔心、害怕，或是悲傷中度過？

你們的互動良好嗎？有話聊嗎？
還是只是習慣在一起，但卻話不投機呢？

對於彼此的關係，你感到穩定且安心嗎？
還是只要他一離開你的視線，你就會很沒有安全感？

你們在一起之後，你是否變得比以前更好？
還是變得更沒自信，更懷疑自我？

如果以上問題，你的答案都是後者，
應該不需要我說，你也知道這不是一段好的感情吧！

談戀愛的時候，除了享受過程的美好，
一定要不斷地問自己，這是不是我想要的關係，
以及藉由日常生活的相處，
去評估對方是不是一個「對的人」。

其實，最重要的就是經常檢視自己，
在這段關係裡是否快樂？

有人會說：「也不是沒有快樂的時候⋯⋯」
但請誠實面對自己，你所謂的快樂，
是很短暫的，還是常態性的？

簡單來說，當你在一段關係裡並不快樂，
而且還經常處於負面的情緒裡，你就應該了解，
這樣的關係，對你而言絕不是好的，
而你，應該勇於替自己的人生尋找好的事物，
而不是放任自己在一段壞的關係裡沉淪。

除了這樣的整體檢視方式，我認為，一個好的感情對象，
一定能夠支持你、鼓勵你成為更好的人。

我有個朋友本來是業餘模特兒，
近年來，越來越有機會靠近自己的夢想，
也就是成為專業的走秀模特兒。

但她的男友卻老是告訴她：

「別搞了，浪費時間！沒那麼容易啦！」

每當她遇到挫折，男友更會趁這時候勸她放棄：

「看吧！早就跟你說了！省省吧！」

有些男人，

因為自己不夠好、因為自己沒自信，

因為許多狗屁拉雜原因，所以不希望你變好。

因為如果你變好了，就會顯得他不怎麼樣。

而且如果你變好了，眼界不同了、想要的不一樣了，

你也很可能會開始覺得他不夠好，

當然，當你變好了，你絕對也更有資格選擇更好的對象。

因此，他會阻止你變好，希望你跟他一起留在原地，

最好你無法自力更生，永遠不能沒有他，只能依賴他。

甚至當你開始變好了，他會做的就是不斷貶低你，

讓你覺得其實這沒有什麼了不起，

不要以為自己多厲害！

簡單來說，這樣的行為，其實只是為了維護他自己，
這是一種非常自私的表現。

女孩，我想告訴你。

真正愛你的人，即便害怕失去你，
仍然會希望你變好，
仍然會支持你追尋夢想，
仍然會告訴你：「相信自己，你是最棒的！」

當你變好的時候，為了維持你們的感情，
他也會努力向上，想要成為配得上你的對象，
有時候，這反而是一種互相激勵的正向力量。

試著想想看，你的對象是哪一種呢？

總是支持你，給你正面的力量，
即使你失敗了仍然肯定你，
還是總貶低你，要你認清自己的渺小與無能？

一段好的關係，一個好的對象，

會讓你感到安心、安穩，而且變成越來越好的自己。

誰都可以騙，
就是不要騙自己

我真的必須說，
女人有個很擅長、但是其實並不應該的事情，
就是「自欺欺人」。

喜歡騙自己，然後偽裝成一個並不是真實自我的樣貌，
再去欺騙別人，到了最後連自己都搞不清楚自己要什麼。

通常，習慣這樣做的女人，都活得很不快樂。

我來說兩個小故事。

A女的婚姻不幸福，因為先生出軌了，
她好生氣好生氣，恨不得一把掐死他。
但一想到離婚，她感到害怕。

生產後她就辭掉工作在家帶孩子，離婚之後怎麼辦？
若要回去上班，實在對自己沒有信心，
害怕無法再適應職場，畢竟一旦離婚，
一個人的經濟負擔一定會變得很大。

於是，她選擇對先生的出軌睜一隻眼閉一隻眼，
她告訴自己，只要沒離婚，這個家就還在。

她相信，先生還是愛自己的，他只是一時受了誘惑，
等他膩了，心就會回來了，似乎不需要小題大作。

以上，是騙自己。

為了昭告天下自己的婚姻很幸福，
她在社群軟體上，比以前還更常曬出恩愛照片，
她不要任何人聯想到她現在面臨的處境。

對於幾個知情的閨密，偶爾訴訴苦是必要的，
但當閨密問她：「為何不乾脆離婚算了？」
她說：「為了小孩啊，我不願意孩子面對破碎的家庭，
為了孩子我願意忍。」

以上，則是騙別人。

其實，不願離婚是因為自己沒有信心能照顧自己，
因為沒有經濟的自主權，自己根本沒得選擇。
於是寧願蒙著眼睛騙自己，也騙別人，
製造出「我也是不得已才這樣」，
實際上是不願意面對自己的問題。

直到數年後，先生仍然提出了離婚，
她才意識到，這一切都是自己在自欺欺人，她終究要面對，
越晚面對，要付出的代價越大。

知道嗎？
寧願「及早發現、及早治療」，
拿回自己人生的選擇權，

也不要遮住自己的眼睛，等待「被選擇」。

再看另一個例子。

B女是個年輕的上班族，
看到嫁給有錢人的女明星，心裡油然而生的念頭是：
「那人好幸運也好幸福喔！
　真希望我也可以不用工作，就能過好日子。」

但當朋友問她：「有什麼夢想？以後想做什麼？」
她總是回答：「想成為獨立自主的女性，
在事業上有一番成就。」

她覺得，能說出一番這樣的話語，很現代、很時尚，
而且看到網路文章寫著：
「女人要有寵愛自己的能力，喜歡什麼自己買得起！」
只要是這類的女力文章，她永遠都會按讚並分享。

雖然，她以這樣的面貌面對別人，
但是，當滑到女性朋友的社群，

看到誰誰誰又收到男友的禮物、被招待大餐，
甚至出國旅遊都不用自己出錢時，她還是默默感到羨慕，
並開始覺得什麼都得靠自己，好像有點可憐。

過幾天與朋友聚會閒聊時，有姐妹說，
誰誰誰交了一個新男友，收到什麼禮物時，
她忍不住不屑地說：
「還不就是有錢而已！女人啊，還是應該靠自己。」

B女的問題在哪呢？

其實，面對自己的欲望並沒有錯，
想嫁給有錢人，不想工作就有錢花，都沒有錯。

如果這就是你想要的，那就努力去想辦法達成，
這才是誠實面對自我，也才可能真正得到！

錯的是明明這樣想，卻不斷地掩飾自我，
甚至偽裝出另一個樣貌，但心裡卻過不去，
當看到別人得到了，又要表現出不屑、鄙視。

想想看，這樣的人，會快樂嗎？

想嫁給有錢人不是罪，不想工作當貴婦也沒有問題，
但你得先讓自己有場合去接近、認識有錢人，
並且努力讓自己變成有錢人會想娶回家的那種女人啊！

什麼也不做、卻總是偷偷羨慕別人的人，
是得不到想要的生活的。

知道嗎？
無論你想要什麼都不可恥，
你可以誰也不說，默默地往自己的目標前進，
誰都可以騙，就是不要騙自己。

分手的主控權，
掌握在你自己

在感情裡，你是比較被動的角色，還是主動的角色？
相信大部分女性應該屬於比較被動的那一個。

在一起的時候，通常是男生追求，女生負責點頭。

感情裡，其實我也是屬於比較被動的那一方，
從不主動追求喜歡的對象（但會釋放好感），
寧願錯過，我也不會主動。

我認為，如果你對我的喜歡，
不足以讓你跨出主動的那一步，那表示你也沒那麼喜歡我。

所以，一直跟你保持曖昧，
卻不願意將關係確定下來的對象，
大家應該知道是怎麼回事了吧？

曖昧當然很有趣，但是時間拉得太長就表示，
他也沒打算安定，女生就不必自己想太多了。

每每遇到網友問我，
對方一直搞曖昧都不確認關係，該怎麼辦？
我總是說：「記住！敵不動，我不動。」

不過，我有一位女性好友，只要對誰有好感，
她就會積極地主動追求對方，也往往都能順利把對方拿下，
總是讓我感到相當佩服。

我問她：「萬一對方拒絕怎麼辦？」
她也很豪爽地說：「那就算啦！反正也不會怎麼樣！」

她從不靠別人來追求，

而是自己決定自己的男朋友是誰，是不是很酷呢？

無論你是主動還是被動的那一種，都無所謂，

反正自己覺得舒服就可以。

那分手呢？你有沒有想過，掌控權應該在誰的手上？

我發現，大多數女性在分手的時候好像也是滿被動的。

曾有個網友問我：

「如果好幾個月男友都沒有聯繫要見面，

　也不主動打電話，該如何是好？」

我傻眼，這已經不叫男友了吧，這是默默地被分手啊！

除了好幾個月沒見面卻還等著對方的案例，

也有不少女生的困擾，

都是對方愛理不理、週末推說很忙等等，

如果一直追問，對方又會生氣，不知道該怎麼辦。

我才發現，女生好像很容易在感情裡，

變成一個如此委屈求全的角色。

委屈，是求不了全的，一定要記住啊！

如果是我，遇到這些狀況，早就放生對方啦！

戀愛前，我雖然保持被動，
但在分手這件事情上，我永遠保持主動，
簡單來說，就是當我覺得不對，由我來提出分手。

很多人可能會說：
「主動分手？那你不會捨不得嗎？
　你不會難過嗎？」

當然會啊！
結束任何一段曾經親密的關係，一定都是痛苦的。
就算彼此已經鬧得不愉快，分手時仍然都會難過，
這是很正常的。

也就是說，提出分手的人沒有不難過啊！

可是，如果在一起已經很不愉快，那就不要再繼續了，

分開，是讓兩個人都有機會找回快樂，
即便可能要先難過幾個月。

很多時候，已經不快樂的情侶，沒有人提出分手，
只是因為沒有人想當壞人罷了，
大部分的人總覺得，誰甩了誰，似乎就是不對的事情。

我覺得，無論是感情或婚姻，誰想離開誰，
其實都沒有真正的對錯，
如果彼此都很快樂，沒有人會想離開。

千萬不要怕當壞人，也不要總是被動地等著被分手，
只要你覺得這段關係並不愉快，且沒有修補的可能，
或者對方的態度有異，甚至是自己的感覺變了，
拖下去，對彼此都沒有好處。

人生苦短，別讓自己連談個戀愛都不愉快。

尤其，如果你已經很不被尊重，
甚至是被很不耐煩地對待，主動開口提出分手吧！

別總是像個小媳婦般苦苦等待。

主動離開不適合自己，或對你根本就不好的對象，
別老是等別人甩了你！

想擁有最棒的愛情，
經濟先獨立

很多女性都是這樣的，
總是在沒有愛情的時候，才想好好賺錢拚事業。

每當遇到好的對象，又開始失去事業心，
想著可以嫁作人婦、懷孕生子，就可以不用工作了。

也因為對愛情的期望不只是愛情本身，
而是包含了更多的經濟因素，
所以選對象的時候，也很容易就變成在評估：
「嫁給誰比較可以依賴一輩子」。

如果一開始你設定的目標就是如此，當然也沒有問題。

但是最棒的愛情，是你們之間並沒有經濟上的依賴，
沒有誰少了對方就會活不下去，
彼此會走在一起只是因為相互欣賞，
選擇了對方一起共度人生，
是兩個完全獨立個體的結合。

大概是自古以來的習慣，
女性很容易把愛情跟經濟綁在一起，
而許多男性也很懂得女性這樣的心理，
總是把經濟先端到眼前給你，很多時候，
女人就搞不清楚自己到底是喜歡對方的錢還是人了。

我是這麼想的：
如果你不需要對方的金錢或物質，
你才能真正選擇自己所愛的靈魂，
對我來說，這才是真正的愛情。

看看有些國外女性，活得多帥氣！

事業十分成功，性格十分獨立，

她想要孩子，但不想要老公，於是借精生子，

在不需要結婚的情況下，仍能生下自己的孩子。

她也談戀愛，她也照顧自己的孩子，

她要的是人生旅程的伴侶，而不是傳統的婚姻。

我甚至聽過有女明星說過一句話：

「我談戀愛，但我不結婚，

　我討厭人家無法給我愛情，還來分我的麵包！」

結不結婚，當然都看個人選擇，

但你可以想一想，可以擁有最多選擇權的女人，

是不是都是經濟上可以完全獨立的人？

無論戀愛或婚姻，

經濟獨立的女人，

可以只考慮這個人你愛不愛，

而不是他有沒有車、有沒有房、有多少存款。

當然，我不是在告訴你，
只要自己會賺錢，就可以愛上一個無業遊民。

相反地，經濟獨立的女人，通常眼光也不會太差，
因為當我自己會賺錢，完全不需要靠對方的時候，
你能吸引我的只剩下靈魂、才華或性格，
如果你無法令我快樂，我沒有任何理由要跟你在一起。

除了在愛情裡的選擇權之外，
女人為什麼要經濟獨立？

你知道有多少女性，都是因為經濟不獨立，
看似有著省下開銷的好處，甚至是過著不用工作的日常，
其實喪失多少尊嚴嗎？

為了省房租，搬進男友家，
吵架時沒地方去，想獨處也沒辦法，
分手時，要收東西離開的，
永遠是當初想省下房租的那一方。

如果經濟上依賴對方，自己沒有謀生能力，
萬一對方出軌，只能忍，
因為離開對方就得自己工作賺錢。

這樣的案例太多太多了。
只要你經濟獨立，即便因生活或婚姻而住在一起，
你隨時都能轉身離開。

別再以為嫁個有錢人就有保障，
這世界上最能保障自己的，就是你的工作能力與存款啊！

有句名言是：
「寧願在奧迪上哭泣，也不要在 TOYOTA 上放空。」

我倒想說：
「寧願各自獨立，也不要在對方的供養下委屈。」

女人青春很寶貴，
沒結婚就是浪費？

曾經聽過有人討論這樣的話題：

「一對情侶愛情長跑了十年，結果男的變心了。

　女生就這樣被對方『浪費』了十年的青春，

　最後卻還是被拋棄了，沒有修成正果，真的好可憐。」

或許這只是一段看似很平常的對話，

但是這裡面卻有著奇怪的邏輯。

所以，只要交往很久，男人就一定要對女人負責？

恢復單身的女人就一定會很可憐？

以後的人生就會了無希望？

交往一段時間，對女人來說，
只要最後沒有達到結婚這個結果，
就是浪費青春、浪費人生？

其實，這十年就算沒有跟任何人交往，
女人自己也是會慢慢變老啊。

青春這件事情，
怎麼能要對方替你負責呢？
而這十年要怎麼度過、跟誰度過，
不也是你自己的選擇嗎？

我們的人生，會過成什麼樣子，
都是來自於我們一路上的選擇，
所以從來就只有自己能對自己負責，
早點認清這件事，比什麼都重要。

既然選擇權都在自己手上，又有什麼好埋怨他人的呢？

甚至，從小到大，經常聽到有人這麼說：
女生如果不怎樣怎樣，就會嫁不出去、就會沒人要，
我實在是很不能認同這樣的觀念。

這樣的論調，其實就是要女性總是為別人而活，
如果不怎樣的話，就無法得到別人的青睞，
於是必須改變自己，以換取有人喜歡。

無論男女，難道只要沒結婚或單身，
就代表你是一個沒有價值的人嗎？

如果我們老是為了符合社會期待，
而去逼迫自己走上自己並不心甘情願的道路，
就會活得越來越沒有自己，
最後連自己也無法喜歡自己了。

千萬要記得，
我們怎麼做，或者不怎麼做，
都是為了自己，不是為了任何人。

你想結婚，你就去努力尋找適合自己的對象，
你不想結婚，也不需要覺得虧欠別人或這個社會什麼。

結婚與否、單身與否，都要好好過日子，

人生唯一能為自己負責的，只有自己。

而且，很多時候，「結果」並不是重點。

如果談戀愛就是為了要結婚，結婚就是為了要生小孩，
這樣的人生未免也太無趣！

從小我們就被教育要「有目的」地做事。

念書是為了考試，考試是為了上好學校，
考上好學校是為了求職，求職是為了賺錢，
賺錢是為了養家、買車、買房。

比賽沒得到第一名，什麼努力都是白費，
沒考上好學校，就被說：「你這幾年白念了！」
戀愛卻分手沒結婚，自己也覺得青春浪費了。

每一件事情都得有結果嗎？
只要不是你要的結果，一切就都是沒意義的嗎？

因為這樣的觀念，以至於我們做任何事都無法享受過程。

為了結婚才要談戀愛，所以計較花了多少心力與時間，
急著想要得到所謂的「修成正果」，
卻忽略了自己明明食之無味。

其實，跟沒有感覺的人結婚，才是你一生最大的浪費。

我們能不能這樣想：
求職是為了想把興趣當職業，
想進偉大的公司、跟厲害的人學習。
賺錢只是為了自己想買什麼東西，
自己付得起！

談戀愛就只是因為在一起很愉快，
結婚，是因為我們彼此適合又如此相愛，
決定一輩子在一起、共組家庭，
並不是沒結婚就等於浪費青春。

不管我們做什麼，過程一定有獲得，
無論如何都不會是浪費。

記得盡情享受過程，那才是人生！

懂得停損，當個聰明
又有骨氣的女人

如果你是戀愛過程中，不斷跌跌撞撞的女人，
一定聽過這句話：「感情路上，誰沒遇過幾個渣？」

不少人一定對這句話感到安慰，
覺得「原來不是只有我這樣」，心裡舒服多了。

但即便如此，也請不要一直愛上「渣」！

遇過一、兩次爛人，你也該學聰明了，
別老是重蹈覆轍，再拿這句話掩蓋自己的愚蠢，
那你就會永遠在惡性循環裡喔。

我總是收到許多粉絲的求助，

無論是戀愛中遇到爛人，卻離不開對方，

還是困在不愉快的婚姻裡。

我很想說，感情中遇到渣男，請收起你濫情的眼淚！

面對自己的軟弱吧。

你又不是聖母瑪利亞，

不要老是想要改變對方，等對方回心轉意，

沒有心要好好對待你的人，就早點放手讓別人去費心吧！

知道嗎？

這世界上是沒有人可以糟蹋你的，

只要你不願意被糟蹋！

身為女性，一定要有這樣的骨氣啊！

至於處在不愉快婚姻裡的人，

問的通常是：「離婚需要很大的勇氣嗎？」

當然啊！
你得力抗身邊的所有人，甚至整個社會。

但我會說：「不要害怕一身泥淖，
怕的是明明陷入爛泥巴，自己卻不肯努力爬出來！」

女人，請經濟獨立、思想獨立，
陷入泥淖也不怕，
走出來再甩開爛泥就好！

人生最辛苦的，
絕對不是要自己扛起一切，
而是得跟爛人度過一生，
所以，別感到害怕，讓自己更堅強點好嗎？

停損，是個很重要的觀念。

人生遇到各式各樣的挫折，
無論是破財、失戀、失業、創業失敗等等，
越快甩開這一切、越快重新站起來的人，

損失才是最小的！

人生不是一場賭局，越想拗回來，反而會損失更多，
後面的人生要怎麼度過，才是更重要的事情，
千萬別覺得前面的投入是一種浪費。

不願意停損或者沒有能力替自己停損的女人，
你寶貴的一生，才是最大的浪費。

另一個更複雜的情況，
是處在破裂婚姻裡，但又想兼顧孩子，
因而在痛苦中掙扎中的女人，請一定要堅強！

我才不會跟你說：
「無論如何，愛孩子的心，他們一定會知道」，
如此無意義的話。

當你根本都不在孩子身邊，孩子怎麼可能會知道？
別傻了！

我會勸你，事業加油！多賺點錢，
才有能力守護孩子與自己，也才有籌碼跟對方爭。

如果你連照顧自己都沒辦法，你連找律師都沒能力，
你有什麼資格說自己愛孩子？

千萬記住，無論你的婚姻多幸福，
永遠不要放棄自己的經濟獨立，
不要讓自己有一天毫無選擇。

我常說：
「我們的努力與堅強，並不是要阻止壞事發生，
　而是當不好的事情發生時，我們有承受的能力。」

我敢結婚，我也敢離婚，
我有能力照顧自己，也能守護孩子，
我敢勇於選擇自己要的人生，你們呢？

懂得停損，當個聰明又有骨氣的女人。

創造自己
想要的生活

我曾經在接受專訪時被問到：

「覺得你好像是個非常理性的人，

　還是其實個性中也有浪漫的部分呢？」

我說：

「我一直是個浪漫的人啊，但絕不是不切實際的那種。」

28 歲之前，不切實際的浪漫，

或許是一種美好的善良與天真。

28 歲之後，不切實際的浪漫，

說穿了，其實只是一種愚蠢。

對我來說，真正的浪漫是建構在理性之上的。

你知道自己的能力，並且願意親手去實踐，
再逐步堆積成自己想要的美好生活，
這才是最理性的浪漫。

如果只有浪漫，但缺乏理性與實踐的能力，
很多事情可能都只是幻想，永遠實現不了。

而對待生活，只有理性但性格不浪漫的女人，
待人與觀點恐怕太過嚴肅，又令人覺得無趣。

我認為生活是需要同時擁有兩者的，
我想當個既有理性但又浪漫的女人。

我在創立新品牌 Wstyle 之後，
為了住在離辦公室較近的地方，
隨著公司的發展，我歷經了好幾次搬家。

找房子、看房子的時候，是一個非常有趣的過程。

每次進到一個空間，
我就開始想像能怎麼帶入美感，
以及怎麼營造自己想要的氛圍，
讓自己住在裡面的時候，
無論身體或心靈，都能覺得舒適。

於是不論搬到哪裡，
最後房子裡都會是自我風格的呈現，
這才是最美好的部分，
而這當然需要對生活有很多浪漫的想像。

而每次我也都很幸運地能夠找到理想地點與物件，
並且用最快的速度議價、簽約，
然後添購新房所需要的家具跟用品，
而這樣的執行能力，就需要更多的理性。

試著想想，
為了想要的生活，你願意多努力？

如果你總是忙著努力，就沒有空抱怨，

那些有空整天抱怨的人，

說實話，只是選擇「什麼也不做」罷了。

當你認真付出、認真生活，

知道自己的定位與價值，

一點一滴地打造出自己想要的生活。

看著自己擁有的一切，

並仰望著還要更努力才能得到的未來，

拚命去追尋、去奮鬥都來不及了，

哪來的時間懷疑自我，抱怨這個、抱怨那個？

提醒一下自己吧！

有時間抱怨，不如花時間改變，

人生都是自己的選擇，如果未能盡如己意，

不會都是別人的問題。

我身邊有幾個這樣的女性朋友，

不依賴男性，能獨立照顧自己，但是又有情趣不無聊，

個性好相處又有禮貌，見多識廣什麼都能聊。

懂得享受美食、會打扮、笑口常開、落落大方，
情緒穩定、思考正面、聰明會理財，
大家相處起來總是開開心心的。
有些人，甚至還有一手好廚藝呢！

誰不想要這樣的伴侶或朋友呢？

與其等別人來愛，不如當個連自己都會愛上的女人。

知道嗎？
快樂千萬不要等別人給，
自己就要有能力讓自己快樂！

慶幸自己是個懂得好好生活的女人，
熱衷事業也熱愛生活，更懂得疼愛自己！

更重要的是，
靠自己的努力與堅持，創造了想要的生活。

3

追求財務獨立的自己

女人經濟夠獨立，男人會更加敬重你。

職場上，機會是留給主動爭取的人，

你不僅要有野心，更要有競爭力！

找工作，
為自己做決定，
也為自己的決定負責

「要怎麼樣才能找到一份好的工作？」

每當被問到這樣的問題，我都會先反問對方，
「什麼樣的工作，才是你認為好的工作呢？」

是能力得以有所發揮嗎？
還是做什麼都沒關係，薪水高就好了？
工作內容的部分希望是單純穩定，還是想要更多挑戰性？
你比較在意實領薪資跟福利，還是也很在乎頭銜？

畢竟，每個人想要的都不一樣，所以不會有標準答案！

追求安穩的人，到了極富變化的產業與公司，
可能會覺得很痛苦。

喜歡挑戰與變化多一點的人，
整天做著固定性且幾乎日日重複的事情，
大概也不好受。

工作其實並沒有分什麼好壞，
符合自己的期待、適合自己的人格特質，
又能賺到自己認為合理的報酬，
對自己而言才會是份好工作。

因此，先想清楚自己要的是什麼，
這比什麼都重要。

如果一時之間不知道自己想要的是什麼，
可以先想想自己的專業相關是哪些，
你做什麼事情時比他人容易得心應手？
或許就是你可以有更多發揮的地方。

又或者，自己做哪些事情的時候能夠感到快樂？

在沒有人管你逼你的情況下，你會願意自動自發去做，

而且還會想要做到最好？

往這個方向去嘗試，也可能會越做越有心得。

就像我從來沒有念過時尚或服飾相關科系，

但是我從學生時代就發現自己對流行、對色彩，

有著比別人更敏銳的眼光與感受力。

除了自己能夠買到美麗的衣服、配件，

還經常可以替別人挑選，成為團體之中的穿搭顧問，

大家要去逛街購物，肯定第一個想到我。

但是自己並沒有意識到，這可以成為一份工作或事業，

而是在無心插柳的情況下玩起網拍，

才漸漸走向這條道路，也成就了自己的舞台。

我有位員工，剛認識她的時候，還在傳統產業上班，

我發現她也對流行、穿搭頗有能力，

但卻從來沒有從事過相關工作，純粹就是個人喜好。

我看出了她的潛力，問她要不要考慮轉換跑道？

剛開始她並沒有足夠的自信，

更對於要投入完全不同性質的產業感到害怕，

但終究她還是鼓起勇氣一試！

跳脫原本習慣的產業，剛開始也很不適應，壓力不小，

但現在她完全感受到，

原來做著自己擅長且喜愛的事情，

是多麼快樂且得心應手的一件事。

或許她非常幸運，

但是能夠找到得以發揮的舞台，

前提是至少你得先願意嘗試！

如果缺乏這份勇氣，很可能就錯過了這個機會，不是嗎？

如果你不知道自己想做什麼、擅長什麼，

又不願意到不同產業、不同職位去多多嘗試，

你當然會永遠停在原地！

無論你幾歲，試著大膽嘗試吧！

人生是一個不斷修正的旅程，
我們並不是一開始就衝往目的地，
而是透過不斷地摸索，才漸漸走上自己想要的道路。

照自己的想法做選擇，為自己的決定負責，
人生是自己的， 為自己好好做決定吧！

沒了愛情，
才想拚事業？

曾經有個年輕的女員工，

能力挺不錯，反應也靈敏聰慧，

我一直想提拔她擔任更重要的位置。

但是這個女孩有個致命缺點，

每次一談戀愛，就失去事業心與專注力。

上班時間不時盯著手機，開會都在神遊，

下班就急忙補妝、趕赴約會，

工作上也老是出現諸多小疏失。

很明顯地，她常常心不在焉。

然後每次一失戀，就想奮發圖強，
立刻變身充滿鬥志的女強人，
主動爭取最具挑戰性的工作，
而且加班到再晚都沒關係。

直到，下一場戀愛的來臨，又再次翻轉。

這個可怕的落差，
讓她像是兩個性格分裂的人，
表現大好大壞，非常不穩定。

也因如此，我一直沒把重要的責任交付給她，
畢竟，對公司來說，穩定性是更值得考量的事情。

或許，很多女性都是這樣吧？
沒有愛情，才想拚事業，
一旦有了愛情、婚姻或小孩，
其他就什麼都不要了！

為什麼要有這樣的落差呢？

事業、愛情、婚姻、友情、家人、孩子，
都只是你人生的一部分，
沒有任何一項應該佔滿你的全部。

與其每次只選一樣，還過度用力，
一旦失去，就宛如世界末日，
才想要改選另外一個，以轉移生活重心。

何不試試看兼顧這些人生的重要課題呢？
說不定，你的人生會完全不同。

或許很多人認為，
工作就只是「為了錢才要做的事情」，
但是，我們每天至少得花三分之一的時間在工作，
然後得連續幾十年，花上大半輩子。

如果無法樂於工作，
那麼這些時間，你很可能都是非常痛苦的。

想像一下，當人生有三分之一的時間都不快樂，
這對我們的傷害，應該不小於選錯對象吧！
那為什麼不試著，讓這些時間變得愉快點呢？

基於這點，女人，你是不是應該多花點時間在工作上，
讓自己能夠樂在其中，
而不是只把心力花在談戀愛、找對象呢？

而且，工作跟愛情不同，
你對工作的投入，永遠都會有回報！

我認為，職場上無論你的工作內容是什麼，
都請保持積極、正面的態度，
面對眼前接觸到的每一件小事，努力做好，
這是最基本的工作態度。

千萬不要沒了愛情，才想拚事業。

事業不該是你用來忘記失戀痛苦、轉移焦點的附屬品，
而是你本來就應該更加重視的事情。

你真的
夠努力嗎？

我曾經寫過一篇文章提到：「不要輕易放過自己。」

不少人問我，這是什麼意思？
簡單來說，就是不要讓自己過得太放鬆！

我發現，很多人經常覺得自己的努力苦無回報，
因而認為成功的人其實都很幸運，
通常這樣的人，根本搞不清楚什麼才叫作「努力」。

有些人一整天就只完成一、兩件簡單的事，
其他時間都在混水摸魚、打哈哈、滑手機、聊八卦，

遇到狀況寧願抱怨、逃避，也不願正面回擊。

回到家，除了洗澡以外，
都在滑手機、看電視，不然就打電動，
花很少的時間在思考、吸收知識、反省自己。

混到週末，覺得平日每天要工作已經很累，
實在沒有心力再去充實自己，就這樣日復一日，
年齡一直在增加，閱歷跟能力卻一直都沒長進。

然後才不斷地感到茫然，不知道自己的未來在哪裡，
就這樣，漸漸地喪失了自己的職場競爭力。

或許直到將近40歲，經濟壓力變重，
體力、氣力卻變差，才會感受到所謂的中年危機。

如果真的想有所改變，平常就試著不要輕易放過自己！
對自己狠一點吧！

曾有個員工，一直想要擔任主管的位置，
多次表達希望自己的能力可以有更多的發揮。

我問她：「你的夢想是什麼？」
她說：「我想成為像你一樣獨當一面的女強人。」

有強烈的野心當然很好，我一向欣賞有野心的女人，
但是這位員工平常連小事都做不好，
更連基本的不要遲到、早退都做不到。

犯了小錯，她也總是輕易地放過自己，
雖然犯後她會很快就道歉，工作態度還算良好，
但是卻老是任由自己一犯再犯。

這樣的人，只會令人覺得：
「小事都做不好，卻想做大事？」

某次我在她又犯了許多小錯之後，很清楚地告訴她：
「如果真想爬上更高的位置，你需要更強大的自律，
　如果你辦不到，或許你就該認清，
　自己沒辦法成為想要成為的那種人。」

她回答我：「我會努力做到！我會證明我可以。」

但是過不到一個禮拜，她又在某個週五請了早退，
原因是要去某知名髮廊剪頭髮，週末真的預約不到。
因為這樣，她錯過了當天的重要會議。

接下來的數個禮拜，她永遠都有各種理由遲到、早退，
原因不外乎都是：很重要的朋友生日、做指甲預約不到、
家族聚餐推不掉……
至於工作上的表現，仍是小錯不斷，毫無起色。

最後，我告訴她：
「你缺乏的不是野心，是能夠撐得起野心的努力！
　在我看來，你都只是空口說白話，完全沒有在努力。」

她卻說：「真的嗎？但是我以為我已經盡力了。」

我說：「經常遲到、請假、早退，
你還覺得自己很努力嗎？」

她回答：「因為那些是真的沒辦法，
但上班的時候我都很努力啊。」

我搖搖頭，告訴她：

「你連最基本的上班準時都做不到，

　卻想要爬到比別人更高的位子，怎麼可能？」

追求事業上的成功，得有相匹配的努力。

看到這裡，大家不知道是否明白，

每個人所謂的努力、盡力，有好大好大的程度差異。

雖然這是一個比較極端的例子，

但是實際上我們身邊有多少人，

都只是做著上班時間分內該做的事，

就覺得自己很努力？

說穿了，那不是最基本的領錢辦事而已嗎？

根本就談不上努力。

如果你發現自己的付出換不來更好的位置，

換不來更高的薪水，

就該先檢討，自己的付出到底落在什麼程度？

當你的努力根本配不上你的野心，

都只是無病呻吟而已！

千萬別當那種說得比誰都好聽、放棄得比誰都還快的人。

大家看過電影《穿著PRADA的惡魔》嗎？

裡面的光頭總監曾說：

「當你私人生活全毀的時候，事業一定站上了高峰。」

這是電影裡很經典也很寫實的一句話。

追求生活與事業上的兼顧雖並非不可能，

但若你想站上更高點，你必須有所選擇。

自己想想，每當生活與工作衝突時，你的選擇是什麼？

是狠心放棄私人生活，衝刺事業？

還是乾脆請假、早退，趕赴私人約會？

怎麼選擇並沒有對錯，

但千萬記得，你自己做了選擇，

就不要在無法獲得升遷機會時抱怨，

沒有人欠你，這都是你自己選的。

在哪裡用心，就會在哪裡發光！

如果在職場上，你並不滿意自己的薪水、位階，
請不要輕易地放過自己。
我身邊真的從來沒看過一個對自己很放鬆，
但卻很成功的人。

除非你出生就含了金湯匙，
否則，如果你想比別人更出色，
除了對自己狠，沒有別的方式。

職場上的
三個忠告

大部分人對於工作的心態是：

工作是一件不得不做的事，只是為了討生活、領薪水，

所以必須心不甘情不願地，做自己不喜歡的事。

也因為這樣的心態，所以多一事不如少一事，

能混的時間就混，事情也總是挑輕鬆的做，

只要能少做一點事、多放一天假，就覺得自己賺到了。

但對自己有想法的人，是主動選擇公司、選擇老闆，

將工作視為可以帶來更多價值與成就感的事情，

保持正面積極的態度，

而薪水則是做對事情帶來的報酬。

去工作，不是因為他們「必須做」，
而是因為他們「想要做」。

也就是說，工作是一件不得已才要做的事，
還是你想要的人生價值，
其實都是你自己的心態決定的。

在職場上，我有哪些忠告可以提供給大家？

1. 工作除了賺錢，
更是為了找到能發揮自我價值的舞台。

所以，千萬不要每到一家公司，
只跟同事變成好朋友，卻經常跟老闆、主管唱反調，
一旦有了不愉快的事情，
或者有不符自我期待的狀況就輕易離職，
接著不斷陷入惡性循環，短暫的工作經歷都無法累積。

這樣的人應該停下來想想，

哪裡會有替你量身訂作的職場環境呢？

與其不斷地碰壁，不如找到在職場中生存的能力。

2. 你不是來證明主管有多蠢，自己有多優秀的。

如果不能認同上級的要求，

就直接抗拒或者邊做邊抱怨，

不但解決不了問題，更是在浪費自己的寶貴人生。

我會建議，如果有任何更好的方法完成任務，

也應該先照上級的方式把事情做完，

再找時間提出自己的建議，

老闆、主管或許會很欣賞你。

但是絕對不要因為覺得自己的想法更好，

就不願意照上級的交代做，急於表現自己，

有時候，想要表達自己的想法，你得繞點路。

別覺得這樣很委屈，

你應該將這樣的能力視為一種「向上溝通的專業」。

通常，能夠一路往上爬的人都具備這個專業。

3. 職場上的重點在於解決問題，而不是你做了多少。

總是覺得自己很努力、很認真，都在替公司賣命，
但卻沒有獲得應有的肯定與報酬，到底為什麼？

每個人都得先有一個認知，
企業是一個營利單位，對公司來說，
誰做了多少或什麼事情是否公平，
其實都不是那麼重要。

重點在於：
你做的事情是否有替公司創造價值、解決問題。

如果你老是做個半死，但卻沒有產值，
那都是你自己覺得辛苦而已，

職場上沒有對錯，只看最後的成效。

簡單來說，就是只有功勞、沒有苦勞，
苦勞只是說明了你的無能。

很現實沒有錯，但是企業的運作就是如此，
否則就叫慈善事業了，
早點了解這一點的人，越早擺脫對於職場的錯誤認知。

記得時時審視自己：我到底為公司做了什麼？

想要更多，就先證明自己的能力，
而不是等著別人發掘你。

很多人在職場上吝於付出，因為害怕付出之後反被剝削，
無法得到更多的回報，卻得做更多的事情。

很多人喜歡這麼說：「做再多，也不會領比較多。」
實際上，會這麼說的人，可能從來都沒有嘗試過。

如果你自認是顆鑽石，就應該自己先發光，
而不是等人千辛萬苦挖掘你。

如果自認是隻千里馬，想遇到伯樂，
那你也得自己先跑兩圈引人注意吧！

職場跟人生都一樣，你以為眼前是吃虧，
其實更要看清楚這是不是個機會。
如果總是想著能拿到多少才要付出，
往往會錯過更多。

停止抱怨！
沒有人欠你什麼

職場上有兩種人，

一種是喜歡抱怨，但不願花時間改變，

只要逮到空閒時間，就喜歡聚在一起罵公司、罵主管，

簡單來說就是互相取暖。

雖然吐完苦水，通常感覺好多了，

又能回到工作崗位繼續努力了，

但是往往這樣的人，

多年來都停留在同樣的位子，薪資也不會上升。

而另一種人則是知道，抱怨完全是浪費人生的行為，

懂得遠離喜歡抱怨公司的負能量同事，
寧願花時間尋找正面的方式去解決問題。

這樣的人或許不會贏得辦公室裡的好人緣，
但是工作的目的，本來就不是為了交朋友，
他們選擇默默且堅定地往自己的目標前進。

想想看，
你是哪一種人呢？

無論你出社會多久、現在的薪資多少，
如果你並不滿意所獲得的待遇，
有沒有想過，為什麼自己只值這樣的薪水？

大膽地設想一下吧！如果要拿到兩倍的薪資，
你應該變成怎樣的人才會有機會？

從22歲就開始當老闆的我，看過各形各色的員工，
大概可以歸納出以下這樣的分類。

D級員工：

交代的事務經常漏掉或出現人為疏失，

必須被嚴格管理，一旦沒人盯著，就很容易出包。

管理這樣的員工很累，得像防小偷一樣防止犯錯，

經常會是公司裡的頭痛人物，

這樣的人若沒有特殊關係，通常會被解雇，

因此職涯發展、收入都會極不穩定。

C級員工：

可以完成固定的分內工作，至於臨時交辦的事項，

只要清楚說明細節，也大多能安穩做完，

但是遇到變化或特殊情況，可能會缺乏應變的能力。

這樣的人算是一般員工，大多數人可能屬於此類，

在公司裡擔任各部門的助理、專員，

薪資水平大約會是在各個產業裡的正常水準，

只要安分守己，職涯通常能夠平平順順地安穩度過。

如果，看完以上兩種類型，你不甘心只是這樣，

而是想要成為更優秀、收入更高的人物，

那請看看另外兩種人。

B級員工：

學習能力強，能夠舉一反三，會主動設想到可能的問題，

遇到突發狀況，有基本的解決能力，

具備還不錯的溝通能力，跟同事與上級的關係皆很良好。

懂得藉由本身不斷累積的工作經歷，

從老闆、主管、同事，甚至客戶身上學習，

藉此提升自己的工作能力。

這樣的人通常能夠成為部門主管或團隊的領導者，

像是一般公司裡所看到的經理級人物，

收入水平當然也比一般人來得更高一些。

A級員工：

對自我要求很高，不需要你的鞭策，

他們就會主動追求卓越。

無論是天資聰穎還是後天的努力，他們觀察力敏銳，
通常藉由自己的觀察與分析，就能洞察許多事物。

良好的溝通能力對他們來說，是最基本的，
除此之外，更具備能夠服眾的領導能力，
甚至有些人還有靈活的交際手腕。

通常只要給予大方向跟指定目標，
他們就能想辦法努力達到，甚至能夠超越目標！

我們所看到的總經理、執行長、總監，
通常就是這個類別的人。
除了經常是被別人挖角的對象，
收入水平當然也在金字塔頂端。

我們的生命裡，一定都接觸過這四種類型的人物，
自己肯定也屬於其中一種，
而最基本的概念就是，你可以拿到的薪資，
絕對是跟你的能力與付出成正比的。

總是抱怨自己薪水低的人，

我們不妨檢視看看他們是怎樣的人，

即使他們是你的家人或者好朋友。

他們真的都是能力超好，

可以替公司創造很高的產值、解決很多問題，

工作又努力認真、積極且負責的優秀人物，

都是公司沒有給予他應該得到的嗎？

客觀想想會發現，絕對不是。

我常說，「這世界上沒有人欠你什麼」，

其實換句話說就是，

「自己的人生要自己負責，沒有人應該要為你做什麼」。

沒有人應該要在你還沒努力做出績效的時候，

也還不確定你能力的情況下，

就把升遷加薪的機會捧到你眼前。

而如果當時的你，不明白這是個好機會，

還得再提出別的條件繼續勸你、留你，

苦口婆心地講到你明白、你滿意為止嗎？

沒有這種事情的！

畢竟，這是職場，不是你家，

老闆也不是你爸媽，沒有人需要無條件為你。

以前大家總是說：「機會是留給準備好的人。」

以一個身邊永遠缺人才的老闆立場，

我想說：「機會是留給主動爭取的人！」

別再浪費時間抱怨了！

想成為更優秀的人、獲得更高的薪資，

把那些抱怨、哀嘆的時間拿去努力，還比較實際。

多賺一點錢，
事情好解決

女人啊，真的要多賺一點錢。

除非你是含著金湯匙出生的千金，
不然的話，多賺一點錢、多存一點錢，是絕對不會錯的。

千萬不要只想著嫁給有錢的男人，
以為這樣所有的經濟問題就解決了，
因為，有錢的男人大都很聰明，
會被他們娶回家的女人，通常條件跟背景也都相當不錯。

現實生活中，
真的沒有那麼多霸道總裁看上平凡女子的故事，
就算有，機率也太低了吧！

與其等待這個比被閃電打中還低的機會，
為什麼不讓自己成為一個經濟能力很好的女人呢？

我來說幾個日常生活中，女人自己有錢帶來的好處。

1. 自己有錢，不必拿人手軟，講話氣短。

女人自己有收入、有存款，想買什麼自己買，
不必每次想入手什麼，都得等另一半點頭，
說不定還會被念幾句，一點自由都沒有。

有些人甚至會因為經濟大權在對方手裡，
在家裡說話的地位總是矮了一截。

女人經濟獨立，男人只會更加尊重你，

平起平坐的溝通，才是家庭最好的和諧。

2. 有錢買得到快樂，甚至是健康。

很多人喜歡說：「有錢又未必會快樂！」
話雖沒錯，但相信我，沒錢你只會更不快樂！
舉個有趣的例子。

如果你失戀了，沒錢，你只好躲在家裡哭，
甚至得一邊哭一邊搬離與男友同居的住所。

有錢，你可以找姐妹淘，飛去巴黎哭，
逛著香榭大道，買精品替自己療傷，
再開瓶香檳，一邊吃著法式美食一邊哭。

很快地，你就會發現，世界這麼美好，
我有能力讓自己快樂，為什麼我要哭？

這個例子套用到離婚，也是一樣的，
所有離婚後過得更好的女人，

絕對都是因為她們自己就有錢能好好過日子。

又有人說：「錢買不到健康！」

無論是生病或發生意外，
有錢，你可以找最好的醫生，用最好的療法，
可以住設備較好或隱私較高的單人病房，
同樣是生病，但你能夠選擇較舒適的方式去面對。

沒錢，光是要停止上班工作，經濟可能就先出問題，
會立即影響生活的品質，或造成家人的負擔，
頓時就陷入愁雲慘霧了。

3. 收入 3 萬跟收入 10 萬，你所遇到的人會完全不同。

你想過，收入會影響你的整個生活圈嗎？

賺 3 萬塊的人，跟賺 10 萬塊的人，
身邊的同事、要面對的主管、出去見到的客戶，
完全都是不一樣等級的人。

當然，因為你身邊的人會完全不同，

如果你是未婚女性，那麼，你可以選擇的伴侶，

也將會是完全不一樣的對象！

收入高的男性大都很聰明，

交女友的時候可能無所謂，可一旦是選擇結婚的伴侶，

他們通常也會選擇收入高，不會增加自己負擔的女性。

如果你想嫁給收入較高的對象，

讓未來的整個家庭擁有更好的生活品質，

先把自己的收入也變高吧！

80％的生活困擾，來自於錢就能解決的事。

這是一個很有趣的事情，只是大部分人可能都沒發現。

聽過一句話嗎？

錢能解決的事，都是小事。

而我們的日常生活，其實大都為著這些小事困擾，

尤其是那些所謂的柴米油鹽醬醋茶。

生完小孩，保母費好貴，只好辭掉工作？
如果你的收入高，辭職從來不會是個迫不得已的選項，
而是如果你想自己帶小孩，你才這麼做，
不得已跟主動選擇，這可是兩回事。

雙薪家庭，兩個人都好累，到底誰要做家事？
每天隨手可以做的家事就算了，
比較繁複又累人的，
像是換床單、拆紗窗、清廚房、刷洗浴室，
花點小錢，每週交給鐘點清潔公司做吧！

把省下來的氣力、時間，
拿去製造多一點兩人相處，如何？

現實是殘酷的，尤其是這些生活上的瑣事，
如果你整天受困其中，很快地，你的眼神會變得黯淡，
變成被這些柴米油鹽磨損掉光彩的女人。

誰不想要讓生活過得更有品質、更有選擇？
關鍵不就是最現實的：你有多少錢嗎？

大家看過好萊塢電影《瞞天過海3：八面玲瓏》嗎？

這部片彙集了珊卓‧布拉克、凱特‧布蘭琪，
還有安‧海瑟薇等大牌女演員。

劇中八個不同的女性角色，
有酒吧老闆、珠寶店員、女明星、街頭藝人、全職媽媽等，
這裡面的每一位女性，追求的都是不同型態的自由。
在智慧型犯罪的商業包裝紙之下，其實是女性勵志片啊。

這部片清清楚楚地告訴你：你得先有錢，才會有自由！
有錢、有自由，你就能活得瀟灑無比！

所以，千萬別盡信那些錢不能幹嘛幹嘛的標語了，
然後成為你不想努力的藉口。

想辦法在職場上發光，讓自己的收入變高，
不要成為那種在工作時斤斤計較，
花錢時也只好斤斤計較的人。

總歸一句話：多賺一點錢，事情好解決！

非工作時間，
你都在幹嘛？

大家應該都聽過：「閒暇時間決定你成為怎樣的人」。
但我覺得，真正理解意思的人實在不多，
能夠好好利用閒暇時間的人就更少了。

你是否經常納悶，為何有些人可以做那麼多事？
好像永遠充滿熱情，動力滿滿！
而自己，平常上班就覺得累死了，週末只想發懶不動。

怎麼有些人除了能夠出去踏青旅遊、交朋友、閱讀，
甚至還去運動、做瑜伽、報名各種課程，
把人生過得如此豐富，他們到底是怎麼辦到的？

先拿我來做比方吧！

營運一家企業的所有大小事，
無論是擬定策略、內部管理、財務、法務、
品牌經營與社群操作、生產供應鏈的控管，我都得經手。

下班後，我十分注重肌膚的保養，
每天洗完澡會用精油替自己按摩，療癒自己，
我也很喜歡各種居家布置，
把空間變得充滿美感，讓自己感到舒適。

偶爾還會買回花材或香草植物自己玩玩插花，
也很喜歡蒐集各式各樣的香氛產品。

我還是個美食控！
所以週末假日喜歡找不同的餐廳品嘗，
有好看的電影更是絕不放過！

暑假以及年假，更是一定會把握難得的假期出國旅行，
一年至少會去一個新的國家，目標是希望可以踏遍世界！

雖然下班與週末的大部分時間要陪孩子，
每天睡前還是會寫點心情或職場文章跟大家分享，
並抓點小空檔閱讀，以吸收各種新知。

無論是國家大事還是民生消費，
當然也包含時尚以及產業訊息，
這些都是我每天要知道的重要資訊，
除此之外，我甚至還一邊在寫書呢！
不然這本書怎麼來的（笑）。

奇怪，我的時間有比別人多嗎？
為什麼工作比別人忙碌，還可以完成這麼多事情？

其實上天很公平，給每個人的一天都是24小時，
管理好公司、照顧好自己並不斷充實自我，
與大家分享我認為有益的事，
盡全力扮演好一位母親，這是我目前同步兼顧的事。

也因為想做的事情很多，我總是不放過任何一個小空檔。

出差搭機以前，候機時我一定開著筆電工作到最後一刻，
登機後如果不是看著自己帶的書籍，
就是閱讀機上的《商業周刊》、《今周刊》，
讓自己不錯過最近的全球產業與財經訊息。

我不想因為創業的忙碌，
就讓自己變成一個無知甚至無趣的人。

想想有多少人，光是把上班這件事做好，
就老是提不起勁，更何況其他。

很多人認為，上班的時間我都很努力啊！
該做的事情都有做完，
難道連下班後都不能放鬆休息一下嗎？

當然可以，
只是，如果你是一個想要比別人出色的人，
那你就應該想到，上班時間，別人也跟你一樣在努力！

如果你的非工作時間並沒有拿來充實自己，

那麼既然大家努力的時間都一樣，

你憑什麼比別人更強、比別人領更多呢？

你有沒有想過，那些可以步步高升的人，

其實可能都是利用非上班時間偷偷努力？

就像當學生的時候，我們會開玩笑說：

「有人都會說自己昨天沒念書，結果他卻考最好」一樣。

決定你成為怎樣的人，絕對不是上班時間你做了什麼，

相反地，非工作時間你都在幹嘛，才是決勝負的關鍵！

很多出色的人都是這樣，花更多閒暇的時間提升自我，

默默地就跑在別人前面，

你以為他們會大聲嚷嚷，告訴你他是怎麼辦到的嗎？

當然不會！

要看起來毫不費力，

絕對都是在人家看不到的地方超級努力啊！

所以，千萬不要在上班的時候未盡全力，

下班又盡情耍廢，

日子就這樣一天一天過了，浪費的是自己的人生！

我寧願，凡事用盡全力，做到自己問心無愧，

認真工作，也認真生活，

豐富自己的一生，你呢？

取捨，
才是人生最大的課題

我常說：「人生是一則複選題，應該試著兼顧一切。」

很多人可能會說：

「怎麼可能兼顧？一天就只有24小時，

　選了愛情就很難選工作，選了工作就很難陪家人，

　根本沒辦法啊！」

那麼，來聽我舉個例子。

我有一個好朋友，是月薪超過10萬的外商主管，

過了好多年要不斷出差、飛來飛去的日子，

最後因為孩子漸漸長大，更需要陪伴的關係，

她選擇換個不需要出差、有更多時間陪孩子的工作。

而這個工作，既然不需要出差，也不是管理職，

薪水當然跟之前的水準有段差距。

如果問她，你怎麼捨得放棄10萬月薪，

以及那個地位甚高的漂亮頭銜？

她會告訴你：

「因為我想要更多的時間陪小孩，當然就需要付出代價，

　而這個代價就是降薪，這是我的選擇。」

而她並沒有因為換了薪水較低的工作，

就比較不努力，一樣是那麼盡心盡力，

所以在新公司裡仍然是個備受重用的角色。

而那些老喊著「沒辦法、怎麼可能」的人，

思考邏輯往往是這樣的：

「真的很討厭出差，害我都沒時間陪小孩，
　但是就沒辦法啊！這工作就是這樣！」

那為什麼不換工作呢？
她或許會說：「因為工作沒那麼好找啊。」

那不然，換到不用出差的其他內勤職位？
她又說：「可是那樣薪水會差很多啊！」

停！看到這裡，大家懂了嗎？
這不是「沒辦法」，這根本就是你的選擇！

你已經選了「薪水」，不要「陪孩子的時間」。
既然選了，為什麼要說沒辦法？

還老是一副很無奈的樣子，再搭配習慣性的抱怨，
好像都是別人害你的，
但這明明不都是自己選的嗎？

自欺欺人，再偽裝成受害者，
實在是很多人的通病啊！

大家務必要誠實面對自己、檢討自己，
是不是自己也曾出現這樣的狀況呢？

再談談另一個朋友，
她因為想要轉職到自己比較有興趣的產業，
去了很多公司求職、面試，
但老是因為缺乏相關工作經驗被拒絕，
要不就是薪資被開得很低。

她問我可不可以用老闆的角度教教她，
要怎麼樣在面試的時候拿到高薪。

我斬釘截鐵地回答她：
「這實在不太可能。
　沒有相關經驗，表示你得從頭開始學習，

公司當然沒有必要給你高薪。

因為你等於什麼都不會，

那些公司回絕你，其實是再正常不過。

而開基本薪水讓你去學習的公司，

已經是很願意給你機會的了！」

她愣了一下。

我再提醒她，

既然想要轉到自己有興趣的行業，

就得接受「從零開始」！

「已經選了興趣，怎麼又想要高薪，

　你到底要哪一個呢？」

她最後撇撇嘴說：「好啦，那我知道了。」

最終，她當然必須要在興趣與薪水之間做抉擇，

並清楚明白那是自己的決定，要為自己負責。

人生路上，

每件事都是一種選擇，

不能貪心地什麼都想要，

否則只會永遠沒辦法跨出步伐前進。

愛自己是知道自己的擅長與不擅長，以及自己的極限。

女人的自信就是溫柔的力量，不需高傲更不必逞強。

讓這些思維存在自己心裡，反覆慢慢咀嚼，

漸漸成為自己的思想。

懂得取捨，是一種成熟，更是一種智慧。

打破職場倦怠
的迷思

我經常被問到，是如何保持工作的動能？

為何長年負擔著如此高強度的工作量，

卻還能保持著對一切的熱情？

即便是自己非常喜歡的產業，但是奮鬥了這麼久，

難道從來都沒有因為覺得很累而倦怠過嗎？

說到職場倦怠，真的是每個人一定會遇到的問題，

而這其實就需要打破一些迷思。

興趣真能當飯吃？

這麼說吧！我想大部分人都以為，
只要是自己做著喜歡的事情就會充滿熱情，
所以就不會倦怠！

我會說，這其實只是把你感到倦怠的時間，
稍微延後一點點，並無法保證你就能夠永遠這樣下去。

試想，無論你多喜歡吃某一道菜，
你都沒辦法每天吃、餐餐吃吧？總有膩的時候啊！

差別只在於，一般的餐點連續吃兩天就膩了，
喜歡吃的東西或許可以多個幾天，但最後結果還是一樣。

而且，再怎麼喜歡的產業或有興趣的事物，
當它變成一項工作的時候，
不可能百分之百都是你喜歡的事情，
其中一定也會包含著你不喜歡、但也必須去做的事情！

也就是說，喜歡與否，有興趣與否，
其實並不是能夠不斷保持工作熱情的關鍵。

我認為，能把一項工作做好的重點，從來就不是興趣，
即便是你討厭的事，甚至是跟你不喜歡的人共事，
卻仍然能夠把事情做好，才是一種專業。

工作上要發揮的能力叫專業，絕對不僅是興趣！

那麼，如果再有興趣的事，都會包含不喜歡的部分，
以及做久了一定都會膩，
到底應該如何對抗職場倦怠呢？

其實很簡單。

就是想辦法把重複的事情做得更好！自我挑戰升級！

就像是打電玩一樣，如果你已經玩過了一模一樣的關卡，
多玩幾次，能夠輕鬆過關的話就會開始覺得無趣。

但是如果每一次都能升級到下一關，又開始有新的挑戰，
那麼，你永遠都不會感到無聊，

而且還會因為不斷升級過關而充滿成就感！

於是你就更加躍躍欲試，想突破這關，趕快到下一關去！
如此產生一個正向的循環，
你會主動想做得更好，但也感到更快樂。

試著把你的工作變成這樣吧！

如此一來，工作這件事就會變成一件完全不同的事情，
而你不論在精神上或經濟上，都會有更多的回饋。

但職場上，所謂的升級是什麼呢？
很可能是把質做得更好，或者是把時間變得更短，
也可能是另外創造出不同的價值。

也就是說，一旦你能夠正常地把事情做完，
下次遇到同樣的事情，你就該自我挑戰：
我「能不能」做得更好？
或者做得更快？

或者試著創造出別的價值？

大部分人的習慣是，當能夠把事情做完，
自己並不會再主動想做得更快或更好，
因為老闆又沒要求！
自己幹嘛那麼累？

而且，做得更快，
到時候被以為工作量太少，又要加工作！
不如，就一直這樣下去吧，做得上手，也樂得輕鬆。

於是，讓自己日復一日，永遠做著同樣強度的事情，
最後除了自己感到很無趣，公司也覺得你毫無進步，
所以，加薪、升職通常也不會輪到你。

反而，隨著年齡越來越大，一不小心邁入中年，
無論是體能或學習能力都會下降，
而長期只做著同樣的事情，
被更有競爭力的新人取代的機會就很高。

但這個時候，卻可能因為結婚、生子、需要購屋等規劃，
又或者是父母年事已高，
成為上有老、下有小的三明治族，
經濟上出現更多需求的時候，才突然有所警覺，
這樣下去好像不行。

這個時候對於跳槽卻感到惶恐，
畢竟已沒有年輕時的衝勁，
留下來卻也覺得好像沒有加薪的條件，
職場的倦怠與茫然加上經濟壓力，
最後就產生了所謂的「中年危機」！

與其如此，我寧願自己主動挑戰升級，
當你確實變得更有產值，也更加卓越，
才是你與公司談論報酬也應該跟著升級的時候。

最後，當你的工作內容因為自我的挑戰升級變得有趣，
成就感與工作報酬又有不錯的回饋時，
你將會非常樂於工作！並且找到自我的正向循環，
倦怠就不會是個困擾了！

離職
是一門學問

投履歷有訣竅，其實離職也有，

只是大部分人會在應徵時用心，卻不會花心思在離職上。

因為，都要分手了，幹嘛還費心？反正以後不相見！

一般人可能都是這麼想的，

不過，聰明且成熟的人，連離開都會走得很漂亮！

為什麼離職也要用心、走得漂亮呢？

做人是需要口碑的，找下一個工作，人家也是會探聽的。

尤其是現在的社會，企業用人越來越謹慎，
當然也更加重視錄取前的考察工作。

而且，你的每一任老闆、主管與身邊的同事，
其實都可以是你未來的人脈，把關係維持下來，
你不知道哪一天用得上。

離職，只是工作關係的暫時結束，
但並不是人與人之間關係的結束，這兩者是不一樣的。

我曾用過一些員工，離職後跟我保持良好的關係，
也因為工作期間表現不錯，
當我有其他老闆朋友缺人時，我會推薦給他們。

也有人離職後，在新的產業工作，
偶爾會遇到需要我協助支持的時候，
我的資源或專業意見通常能夠幫上一點忙。

我就曾有一位員工，
後來任職的新公司產品是我公司用得上的相關耗材，

他因為了解我與公司的需求，我最後成了他最大的客戶！
他也因為替新公司創造了龐大的業績而步步高升，
這就是一個最簡單的例子。

大家都知道什麼叫「人脈存摺」，卻很少身體力行，
以為要去認識什麼大人物才叫人脈，
其實光是職場上的關係，統統是你的人脈，
是你自己要懂得儲蓄與運用啊！

所以，千萬不要把離職，當作一段關係的結束，
你怎麼知道，不是另一段關係的開始呢？

想離職的時候，許多人通常都會說：
「我要離職，提前預告幾日再加特休幾天的話，
　我會做到何時何時。」
當然，以上是完全符合法令規定的。

但很多人沒有想到的是，
你的工作，在這樣的期間內，是可以交接完畢的嗎？

如果，你的工作非常重要（代表公司有重用你），
或許那樣的預告時間其實是不太夠的？

又如果，平常這家公司與老闆、主管待你不薄，
是不是應該留一點點餘地，
讓公司有時間找人並協助交接呢？

別說這是替公司想了，這其實也是為你自己想，
留餘地給別人，就是留餘地給自己。
真的不要有「不想待的最大」的想法，
你永遠不會知道，會因為這樣失去些什麼。

江湖在走，人脈要有。

曾有兩位員工在差不多的時間提離職，
A 員工採取了上述的方式，自己把日期訂好了，
沒有討論的空間。

法理上沒有問題，但是讓人覺得很無情，
好像從沒替公司考慮過交接問題。

尤其，公司平常對這位員工的准假、犯錯甚至私事，
經常給予很多通融，福利跟待遇也很不錯，
但她離開時卻沒有以相同的態度對待公司。

或許很多人覺得：「這是我的權益，為什麼不可以？」
其實，並沒有不可以。
只不過我想表達的，不是法律問題，而是觀感問題，
以及長期關係的維護。

畢竟人與人之間的相處，不是只有法跟理，
我們永遠要記得：「法律僅是最低的道德標準」，
不要習慣認為，只要沒違法就沒有問題。

有時候，在超出法律規定的範圍內多做一點，
都是人情的部分，
就像如果你的公司或老闆，偶爾對你有一些些通融，
又或者在法律規定的福利外又多給了一些，
讓人覺得像幸福企業一樣，帶來心理上的舒適。

就算僅是做做表面工夫，

問問公司有沒有希望你繼續做到何時，

彼此稍微互相協調，至少是釋放善意的一種方式。

而同時也想離職的 B 員工，則是告知公司：

「我確定要離職，按照預告日的話是到幾月幾日，

　　但是若公司需要我交接或留下來幫忙，

　　最晚到幾月底我都可以，就看公司有沒有需要。」

他大概多抓了一個多月給公司。

如果你是老闆或主管，你會對誰留下較好的印象呢？

而哪一個人又可能比較不會留下一堆攤子給同事收呢？

除非這家公司真的對你很差勁，

讓你想用最快速度逃走，

不然的話，多花一點時間，把事情做得圓滿一些吧！

或許很多人會說，如果平常總是盡心盡力，

離職時又要多做這些、多想那些，

可是卻從來沒有回報，

真的還要如此嗎？

這麼說吧！
我所說的前提都是，這不是一家糟糕的公司，
你遇到的也不是一個糟糕的老闆，
所以建議你應該多思考這些部分，
對自己的人生會有幫助。

但是如果你從來就沒有被好好對待，
當然或許就不需要做到我說的，
這一切，需要你自己判斷。

不過我要提醒，求職就跟談戀愛一樣，
千萬不要「一朝被蛇咬，十年怕草繩」。

你不需要因為遇上一個渣男，
就再也不敢相信愛情、封閉自我，
當然也不要因為一個爛老闆，
而從此仇視資方，不願付出！

因為這樣的選擇，最終對自己都不會是好事，
甚至會讓你因此永遠遇不到好人。

親愛的，這世界上有爛企業，也有好企業，
有爛老闆，也有好老闆。

而替自己的人生選擇好的對象、企業、老闆，
好讓自己的付出有所回報，
則是你自己的責任，不是別人！

收起怨天尤人的態度，握好你的選擇權，
替自己找到能夠盡情付出的舞台吧！

4

走入婚姻，未完待續

美麗的婚禮只有一天，婚姻卻是一輩子。

在說 yes 之前要知道，眼前的王子也終將走入日常，成為家人。

一旦經不起柴米油鹽的平淡，需要放手時，也無須畏懼！

對於婚姻，
該 say yes 的對象，
是自己

經常有很多朋友問我，當初是在什麼情況下選擇結婚的？

從結婚到離婚，在婚姻裡走過這麼一遭，

對婚姻是什麼感覺？

先來談談，我當初是怎麼走入婚姻的吧。

當時的我才25歲，對於婚姻一無所知，

雙方交往大概3年左右，也已經是一起工作的狀態，

對方的長輩覺得應該可以結婚了，

就直接拿了八字、看好了日子，

後續也就開始了一般習俗必備的流程。

對於結婚這件事，我也不是沒感到惶恐，
只覺得自己內心並沒有特別喜悅，
也不確定自己是不是想結婚，卻也沒有堅決反對，
就這麼一直半推半就地完成了。

接著，我對拍婚紗這件事感到新鮮，
沉浸在把自己打扮成華麗公主的樂趣裡，
挑選結婚鑽戒，指定非買那個小藍盒不可。

但是，我對真正走入婚姻有什麼想法呢？
說實話，那時一點想法也沒有，
因為，也根本不知道婚姻是什麼。

找自己的媽媽聊過，媽媽也沒有給我什麼答案，
只說：「你自己覺得好就好啊！」
或許是看到我猶豫的臉龐，
傳統的媽媽補了一句：「女人家，遲早也是要嫁的。」

因為太年輕，身邊根本沒有同齡的朋友已婚，
想找人問問意見也沒辦法。

默默地，結婚那天就到了，
經過熱熱鬧鬧的盛大婚禮，再去辦個登記，
便成了已婚身分，
接下來就是被長輩追著問：「何時要生小孩？」
這一切都自然得像是個SOP標準流程。

多少女孩跟我當時一樣，想到婚姻，
就是婚紗、鑽戒、婚禮、蜜月，
而不是婚姻裡的信任、相處、尊重與相互扶持？

多少女孩跟我一樣，詢問父母意見，
通常告訴你的都是：「女人遲早要有個歸宿。」
而不會告訴你，其實婚姻將會面對哪些改變。

那些結婚前讓你感到有趣的事情，
都只是要走入婚姻之前的儀式，
並不是婚姻裡真正要面臨的未來。

婚禮，只有一天而已，
婚姻，卻是一輩子的事。

我猜很多人大概都像我當時一樣，
內心沒有很肯定，但也還不到反對的地步，
覺得好像在一起很久了，
一時也找不到理由說「不」。

更多人甚至是因為覺得自己年齡差不多了，
跟對方家人相處起來也還可以，
不然就是反正已同居了，現況沒有什麼要改變，
不過就是多張結婚證書，所以好像也沒差。

這個「好像也沒差」的心態，
可能是多數人選擇走入婚姻前的念頭。

但是為什麼，我們不是很肯定地想著：
「嗯，是的，這就是我要的人生伴侶，
　我想要跟這個人共組家庭，一輩子在一起。」

我們沒有肯定的答案，只有消極的「應該沒差吧？」
這竟然是我們面對人生大事之前的想法，
會不會我們在選擇一項工作，或者考慮要不要離職時，
都還想得比較多？

於是，現在對於面臨是否要結婚的朋友，
無論男性還是女性，
我都會說：「多想想，給自己一個肯定的答案。」
不要像我一樣半推半就。

也不要覺得年齡好像差不多了，
或者只是想給對方或自己家裡一個交代而結婚，
更不要覺得「好像也沒差」，就結一結算了。

結婚是一件人生大事，將會改變你未來的生活模式，
絕對不應該是在這麼消極的念頭下做決定。
好好想想，對方是不是你想要的人生伴侶，
以及，對方是不是真的適合你。

他是不是充分了解你，並且真心地喜歡你的本質。
在他面前，你是否可以真正地放鬆做自己，
不必惺惺作態或討好，
更不必擔心是不是怎麼樣他就會不愛我了。

在你軟弱的時候，

他能夠給予你心靈上的支持與撫慰。

在你需要空間的時候，

給予你充分的尊重與自由。

在你意氣風發的時候，真心替你高興，

而不是感到妒忌或自卑。

你們的各種價值觀即使不完全一樣，

但在大方向上大致相同，並且能互相尊重。

即便會吵架，但總能在事後溝通出共識，

維持良好的互動，一起解決產生衝突的原因，

不會任由同樣的問題一再惡性循環。

跟他在一起，你是否感到愉悅、平靜、舒服、自在？

想起他的時候，你是否擁有正面的回憶跟情緒？

同樣地，自己之於對方，有沒有帶來這些？

畢竟，唯有互相，才會長久。
任一方不斷退讓或委屈，即使表面風平浪靜，
都總有一天會潰堤。

結婚前，多問自己一些問題，
只要一有不確定，就再給自己多一點時間吧！

別被社會壓力、年齡、日期、長輩親友的期待給束縛了，
這可是你的人生，
結了婚，日子是你在過啊！

既然是一輩子的事，
慢下腳步多想想，絕對不會錯。
當你的內心有了肯定的答案，再對自己 say yes 吧！

嫁人＝長期飯票？
與其怨嘆命運，
不如改變自己

曾經有個女性朋友，在某次聚會時，
拿了一個新的名牌包包出席，
被聚會裡的其他朋友開了個玩笑話：
「哇，這麼貴的包？你該不會兼職當小三吧？」

其實大家都是很熟的朋友了，所以真的只是在說笑。
但當下這位朋友臉色卻不太好看。

我當時直覺有問題，
後來聚會結束找她私下聊聊，她才敞開心胸，
原來她真的當了好多年的小三。

對方的年紀大她10歲，是個創業老闆，
有正牌的女友，卻說其實真正愛的是她。

她一心想把對方搶過來，多年來軟硬兼施卻都沒用，
自己也無法狠下心離開對方，
就這樣分分合合，哭哭鬧鬧地糾纏了好多年。

最近得知對方跟正牌女友即將要訂婚了，
她好氣好氣，
不甘心自己這麼多年的付出與堅持，
最後新娘卻不是她！

除了安慰她，我們又聊了感情上的觀念，
發現原來她想要的婚姻，
就是男人要能養她、負擔她的生活，
給她滿滿的安全感與保障，
這樣的話，要她配合什麼都可以。

我問她：「配合什麼都可以？」
你一定有自己的個性跟想法，自己想要的生活方式，

怎麼可能凡事你都願意配合對方？

她說：「我沒有什麼特別的喜好或要求，
覺得生活可以安安穩穩、不用擔心未來比較重要，
只要有願意照顧我的男人，就是最大的幸福。」

聊到這邊我大概明白了，
也難怪之前有許多與她年齡差不多的男性追求，
她都不願意接受。

因為這些未滿30歲、事業上還在打拚的男人，
絕對還無法穩定地提供她，經濟上所謂的安全感與保障，
換句話說，就是沒辦法讓她不用工作當貴婦。

追求這樣的感情與婚姻，
其實也不能說是有錯，每個人要的本來就不同，
你我身邊或多或少都有這樣的女性朋友，
立志嫁個有錢人，或者談感情專找富二代，
甚至比例上可能還滿高的。

只是呢，習慣把感情當作籌碼，
用來交換溫飽，並視婚姻為長期飯票的女人，
本來就有比較高的機率成為小三。

我不得不說，其實，命運都是個性造成的。

後來的故事是，男人娶了正牌女友，
終究沒給她一個名分，
但她仍不願意放棄這個可以在經濟上照顧她的男人，
繼續在對方婚後，當著心有不甘的小三。

換句話說，無法離開對方，
其實是沒有勇氣，也沒有骨氣。

她曾說，好羨慕我的生活，感覺擁有一切。

我告訴她，我的生活品質都是自己努力創造的，
並不是別人給予的。

如果女人能自己養活自己，經濟獨立，

買得起自己想要的東西，靠自己創造想要的生活，
便不需要拿愛情交換所謂的長期飯票與保障。

如此一來，
你人生的選擇權，當然就會更多，
也就能夠更有骨氣地做自己，
何必如此委屈，還為難了另一個女人？

怨嘆命運，不如改變自己。

只有適合結婚的對象，
沒有適合結婚的年齡

不知道為什麼，

這個社會竟然有一個可怕卻又普遍的認知，

就是女人似乎一定要在30歲把自己嫁出去！

一旦過了30歲還不結婚，就是「拉警報」、「剩女」，

會越來越沒身價，再不趕快結婚就沒人要了！

有些人也的確因為這樣，礙於社會的眼光，

一旦30這個數字逼近，如果男友尚未求婚，

或者還沒有穩定交往的男友，自己便會感到越來越恐慌。

大家是否真的思考過，這個「年限」，到底是誰規定的？

為什麼我們無形之中要被這樣的價值觀影響？

因而歧視自己，甚至歧視他人呢？

平靜想想，

超過30歲沒結婚，真的會怎麼樣嗎？

或許人們多半不理解，

只有適合結婚的對象，而沒有適合結婚的年齡啊！

如果你就是還沒有遇到想要攜手一生的對象，

為什麼要急著踏入婚姻呢？

難道就只為了年齡數字，所以要趕進度？

那麼趕上了進度，就代表你們的婚姻一定會幸福嗎？

如果並不會，又何必被這個年限所控制呢？

經常有不少讀者會問我，

快要30歲了，家裡一直催婚怎麼辦？

我都會回答：「到底是你要結婚，還是你爸媽？」

雖然我們都希望爸媽快樂，

但是人生畢竟是自己的，你還是應該把自己放在最前面，

千萬不要為了給誰交代而結婚。

相信我，

跟一直沒有遇到適合的結婚對象相比，

陷入錯誤的婚姻，卻又無法脫身，才是真正的地獄。

為了不讓自己後悔，請不要給自己任何年限，

而是應該在每一段戀愛裡，好好認清自己的需求，

也好好了解對方，判斷對方是不是適合結婚的對象，

再來考慮結婚這件事。

你結婚的對象，絕對比你結婚的年齡重要啊！

甚至還曾有人問過我，跟男友交往多年，

家裡一直催婚，爸媽說沒結婚沒保障，怎麼辦？

我回答：

「女孩，這個世界上唯一能保障你的，

只有你的工作能力跟存款好嗎？」

說穿了，婚姻到底是能保障女人什麼呢？
保障感情嗎？還是能夠保障經濟呢？
多個人幫忙養家、養小孩，自己不用那麼累？
甚至可以辭掉工作讓老公養？一輩子有保障？

別傻了！
多的是結了婚，老公出軌又不管老婆孩子，
女人因為孩子而不願離婚，結果一輩子都後悔萬分。

總而言之，不要再為了什麼年齡、飯票、保障而結婚了，
婚姻從來都不是一種保障。

婚姻是你們認定彼此，選擇走入更深度的家庭關係，
從此成為一家人。

說得更簡單一些吧！
婚姻是選擇誰能成為你的老公、你小孩的爸爸，
以及你下半輩子共度餘生的牽手老伴，

那麼，你會希望他是怎麼樣的一個人呢？

如果還沒遇到，急什麼呢？

慎選你的結婚對象，絕對比趕進度重要太多了！

結婚前，
你應該思考的事

前面我們談過了對於婚姻的態度，但是實際來說，
結婚前，應該要先思考哪些事呢？
又應該怎麼判斷，對方是不是適合結婚的對象呢？

我先來說說經常看到的例子，或許很多人都是這樣。

情侶交往多年，甚至都已經步入了同居階段，
最後終於決定結婚。
但卻在結婚前夕的辦婚禮、規劃蜜月，開始大吵大鬧，
有很多人甚至吵到最後不結婚了！

而能夠闖過這關順利結婚的，
卻也有很多人在婚後不久，
又因為婚後要住對方家還是搬出去、何時要生小孩、
與對方家人相處等問題，鬧得非常不開心，
不少人甚至才結婚不久就感到後悔。

先來討論辦婚禮、度蜜月這件事，
為什麼這麼容易引起吵架吧！

因為，許多人在交往的時候，
從來不溝通彼此的各種價值觀，
只是不斷地一起吃喝玩樂，表面上你們很熟也很親密，
但是你們卻不清楚雙方心裡要什麼。

你們或許一起去過不少旅行，也參加過不少別人的婚禮，
卻從來沒聊過，如果是你們自己，你們想要怎麼去辦？

辦婚禮、度蜜月，最現實的一個問題就是：要花多少錢？
關於金錢這件事，許多人都覺得非常敏感，
所以交往時從不討論，甚至也有人不屑討論。

直到辦婚禮、拍婚紗與規劃度蜜月，
才逼不得已被迫碰觸這個非常敏感的問題。

如果你們從不曾溝通，便很容易在這個時候才爆發衝突，
原來，你要的跟他要的，根本不一樣。

除了用錢的價值觀，
我甚至碰過有朋友從交往到婚後，
都不知道自己老公到底月薪多少。

我非常不能理解，如果你們都不知道彼此賺多少，
要怎麼一起組織家庭、規劃家庭的花費？

如果交往到一定程度之後，有了結婚的規劃，
還不去討論彼此金錢的價值觀，
你們絕對會因為錢而鬧得不可開交。

至於婚後住哪裡、何時生小孩，
還有彼此家人的價值觀與影響力，
都是你們在談戀愛時，便應該要知道的事情，

而不是匆匆結了婚才發現：

婚後想一起搬出來住，但老公不敢跟他家人說！
婆婆急著催我們生小孩，但我根本還不想生！
原來老公是個媽寶，交往時都不知道！
婆婆跟姑嫂管太多，感到很痛苦！

如果你們有意從情侶變成老公老婆，
這些事情麻煩在交往期間就要充分了解，
有些事情你可以自己觀察，有些則需要跟對方深談。

看看對方跟家人相處的方式與態度，
以及在家人面前對你的態度，
對金錢以及理財的價值觀，
以及生小孩、育兒甚至是否要置產的各種觀念，
你們都應該花時間好好聊聊，了解彼此想要的是什麼。

寧願在婚前就清楚可能面臨什麼，
做出是否要面對的抉擇，
也不要在婚後才感到後悔，事情絕對會變得複雜很多。

我甚至有朋友在論及婚嫁後，到對方家裡吃飯，

便感受到未來婆婆給予自己的巨大壓力，

無論自己的穿著打扮、育兒以及婚後的住所與生活習慣，

都可能會被深深地控制，

而男友又對自己的媽媽十分敬重，不太可能支持她。

於是她明白自己若與男友結婚，

婚後絕對無法「做自己」，因而毅然決然做了分手的決定。

雖然分手也令她非常痛苦，畢竟是交往許久的對象，

但她寧願痛苦一時，也不要痛苦一輩子，

而她更非常成熟地沒有把真正的分手原因告訴對方，

這樣的「遠見」與作為，實在令我感到非常佩服。

反觀，多少女人卻不是這樣？

婚前對一切視而不見，只急著把自己嫁掉，

婚後才說「跟我想的都不一樣」、「原來會變成這樣」。

相信我，很多蛛絲馬跡，對方及對方家人的價值觀，

絕對是婚前就已經存在的，

差別在於你自己是否睜大雙眼，替自己好好判斷。

談戀愛與挑老公，是完全不同的兩件事！

談戀愛或許只要開心就好，挑老公，

則會影響你一生幸福。

親愛的，想結婚，需要的絕對不只是衝動，

而是充分的理性。

新時代女性，
絕非穿得時髦就可以
對號入座了

曾跟一個女性朋友聊到關於家裡的經濟分攤，

她說她的收入只花在自己身上，

而老公的收入則要負擔車貸、房貸、小孩、旅遊，

也就是全家的開銷，還得給她一筆家用。

由於我認識她老公本人，

知道對方的經濟壓力真的很大，

婚後幾乎就沒什麼笑容了，像是肩膀有沉重的擔子。

於是我告訴她：

「嘿，這樣我覺得你老公會有點可憐耶，

結了婚，卻彷彿像用一輩子在還債。

他要負擔這麼多，週末也常加班拚事業，
你卻滿常抱怨他都沒有時間陪你、不安排出遊，
我覺得他壓力應該很大耶，你要不要試著分攤一些呢？」

這個朋友聽了覺得有點疑惑，她說：
「可是結了婚不是本來就該這樣嗎？
　雖然我自己也有收入，但是家庭的開銷都是由老公負擔，
　我一直以為這樣很正常，大家不是都這樣嗎？」

我再問她：
「那你有沒有想過，你老公婚後過得快不快樂？
　有比他單身的時候快樂或滿足嗎？
　還是整天就是上班賺錢、眉頭深鎖，
　下班放假就陪你陪孩子，
　多久沒有自己的時間了？」

她想了想，說自己沒想過這個問題，
結了婚之後的生活，不是本來就會變成這樣嗎？

我說：「因為你都在想自己跟孩子過得快不快樂，
老公都只能配合你與孩子，覺得他理所當然要付出，
這樣的心態其實是很自私的，只是你沒發現而已。」

因為是很熟的朋友，所以我講話很直接。
這次的談話也讓她驚覺，
原來自己在婚姻關係裡，從來沒有顧慮過對方。

她以為，
男人有了家庭就要負擔全家經濟，是天經地義。
因為我們從小學到的觀念，
或自己原生家庭的樣貌，大部分都是這樣。

但是，
現代社會不再是由男人出去工作、養家活口，
女人則負責在家處理所有家事、帶小孩、料理三餐。

現代女性大都有自己的工作，而成為雙薪家庭。
因此女人可以主張，既然兩人都有工作與收入，
洗衣、洗碗、整理家務等家事，

應該由兩人一起分攤，孩子也該由兩人一起帶，

不該讓女性一肩扛起所有家事，

這才是男女平等。

那麼為什麼一起成立了共同的家庭，

而家庭在經濟上的分攤，

不論是買車、買房、養小孩、吃餐廳、旅遊，

或者日常生活的基本開銷，

大部分女人卻覺得，

仍需要由男性一個人負擔？

如果自己賺的錢只要用在自己身上就好，

其他都是男性要負擔，

這不是選擇性的男女平等嗎？

女人只拿對自己有好處的，不願意拿對自己有壞處的，

這是哪門子的平等？這是女權自助餐呀！

如果換作是男人，要求女人除了上班工作外，

還要繼續一人負擔全家的家務包含帶小孩時，

女人恐怕會怒丟一句：
「老娘是不用上班嗎？你會累我不會累啊？
　都一樣要工作，憑什麼你就不用分攤？」

那麼，同樣地，
我們怎麼能要求男人遵守這麼偽平等的不合理條約？
只因為，他愛你，選擇了你？
那我真的要說，這男人太可憐了！

千萬別再迷信一句話：
「我負責賺錢養家，你負責貌美如花。」
因為，你不會永遠貌美如花！
這只是網路玩笑話，可別當真用在婚姻關係裡了。

我覺得在婚姻關係裡，是不是真正的平等，
或到底怎樣分攤，並不是真正的重點，
互相扶持與互相尊重，才是婚姻長久之道！

希望女性在高喊男女平等的同時，
一定要好好檢視自己，要的是真正的公平，

還是只是披著新時代女性的外衣，

內心卻期待著男人的長期供養，

再用這樣的假性平等來掩飾自己的自私。

知道嗎？

真正的新時代女性，

從來就不是穿得很時髦就可以對號入座了。

婚姻的
幸福關鍵

大家看過《瘋狂亞洲富豪》這部電影嗎？

我覺得這部電影充分說明了婚姻裡的幸福關鍵。

如果你還沒看過，建議先去把電影看過，

再來看這個章節，因為我將會討論到部分劇情。

片中的女主角叫瑞秋，美籍華裔，聰明獨立。

帥氣的男主角叫尼克，是新加坡人。

他們在美國相識相戀，

有次長假，尼克因有意求婚，

提議帶著瑞秋一起回新加坡，認識他的父母與成長的環境。

瑞秋在這個過程中才知道，
原來尼克的家庭背景竟然是超級富豪。

當然，豪門可不是一般人可以說進就進的。

瑞秋的一切考驗隨之而來，受了非常多委屈以外，
未來的準婆婆更對瑞秋非常不滿，
極力反對她與兒子在一起，甚至說出：
「如果尼克要娶你，那他就會失去一切家產。」

在此情況下，尼克竟然還是選擇瑞秋，
願意拋棄家產也要娶她。
看到這裡，或許大部分女人都覺得瑞秋大獲全勝吧？

但是，瑞秋竟然拒絕了尼克的求婚。
為什麼瑞秋要拒絕？
聰明的她，知道結了婚並不會是一切的結束，
而只不過是個開始。

一旦在這種情況下結婚，尼克除了失去所有家產，
更得與母親決裂，這是愛著尼克的她不願意看到的。

她也可以預見，

即便婚後尼克的母親心軟，未與兒子決裂，

但他們仍將永遠生活在婆媳無法相處的鬥爭裡。

準婆婆會永遠憎恨媳婦，絕對無法祝福他們，

尼克會夾在中間，不知到底該當兒子還是老公，

無論支持誰都不對，瑞秋無論怎麼做，

都無法成為婆婆心中的自己人，

永遠都會被嫌棄。

這場婚姻將沒有人是贏家，

無論如何都絕對不會幸福。

她拒絕求婚，

是為了讓尼克有機會找到下一個母親能認同的妻子，

自己也不需要在這場豪門婚姻裡受盡委屈，

那或許才會是「所有人真正的幸福」。

瑞秋做出這樣的抉擇，除了非常有遠見，也非常有骨氣！

她並未在尼克奢華且龐大的家產中迷失自我，

她清楚在婚姻裡，

人與人的相處關係才是幸福的關鍵，

並不是尼克一個人愛她就夠了。

於是她將小愛化為大愛，退出這場鬥爭，

讓所有人都有機會幸福，

而後來的故事發展，看過電影的大家都知道了。

而片中同樣出身超級富豪家庭的尼克妹妹，

她在婚姻裡為了不讓先生感到自卑，

總得不斷隱藏自我，

最終也選擇結束了這場無法做自己的委屈婚姻。

從這部電影裡，我們學到什麼？

戀愛與婚姻，在本質上是很不一樣的兩件事，

談戀愛或許可以只是兩個人彼此相愛，

但是婚姻卻是兩個家族的相處，

你與對方的家人以及對方與你的家人是否融洽，

絕對會影響你們的婚姻，千萬別忽略了這點。

一時的退讓或取悅，絕對換不來長久的幸福，
無論是什麼形式的委屈，最後都求不了全。

真正美滿的婚姻，是你們除了相愛，
還能找到做自己的取捨與平衡。

無時無刻，
都要當個可愛女人

我們的一生有著許多角色，

先是父母的女兒，

長大以後談戀愛，我們成為某人的女朋友，

結婚以後，我們多了妻子這個新身分，

懷孕、生完小孩又成為母親的角色。

對於這些不同階段的角色，你是怎麼看待的呢？

我發現，許多女性容易犯一個毛病，

就是一次只懂得扮演其中一個角色，

而忽略了其實我們每個人到了某個階段，

這些身分是「同時存在」的。

然而，無論這些身分如何增加或轉換，
自始至終，我們仍然是那個「自己」，
也就是一位女人，請永遠都不要忘了這件事。

許多人，從交了男朋友開始，世界就只剩下「我們」，
手機與社群相簿裡，都是與男友的合照，
一切的喜好也都為了男友而改變，再也沒有了「自己」。

於是一旦失戀分手，就像是全世界崩裂，
突然一個人要去哪裡、要怎麼吃飯都不會了，
社群相簿裡刪掉一切之後，卻沒有一張自己的照片。

有些人，則是在結婚以後，
只記得扮演好「妻子」這個角色，
一不小心過度用力，在柴米油鹽醬醋茶中變成黃臉婆，
將原本的自我或喜好全都丟棄。

最可怕的是，結了婚以後就認為「已安全上岸」，

所以無需再打扮，漸漸從可愛女人變成大媽姿態。

以前可能還會撒撒嬌、想好好經營感情，
現在全都變成「沒必要」，
不只是外表與舉止改變，而是連個性都不再可愛。

接下來這個情況，可能是最多的：
生了孩子以後，全心全意都用來成為「媽媽」，
突然全世界只剩下孩子，也只關心孩子，
有些人連老公都不在乎了，
老公只是「孩子的爸爸」。

你們之間的話題，只剩下孩子，也只為了孩子，
好像除了孩子的一切，統統都不重要了。

但是，孩子是會長大的，
當有一天，孩子成年後離開這個家庭，
你是否想過，和老公之間，還剩下什麼？

而真正要與你共度下半輩子的人，是你的先生，
可不是你的孩子！

所以，談戀愛的時候，
千萬不要只顧著當人家的女友，就忘了自己！

真正愛你的人，愛的正應該是原本的你，
你或許可以藉由跟對方的相處與磨合，
改變或調整一些些自己，
但絕對不需要拋棄所有的自我，
只為了變成對方想要的樣子。

結婚以後，成為人家的太太，你還是原本那個女人，
千萬不要在婚後就過度放鬆，
不化妝也不打扮，更沒了溫柔，
把身為女人的美好都丟棄了。

或許我們隨著年齡，膚況與體態會有所改變，
但是我們的靈魂與個性，可以永遠是那個可愛女人啊！

生完孩子，也千萬不要只顧著當媽媽，
就忘了自己還是個女人，永遠要記得，
你仍然還是一位女人，
而你的先生是一位男人啊！

你們不能只是扮演孩子的爸、孩子的媽，
就忘了你們之間曾有的美好與火花。

無論照顧孩子有多忙，
都應該努力找出可以獨處的一點點時間，
除了孩子以外，聊聊你們自己的事情吧！

回到像是約會的感覺，
單純就是男人與女人相處的時光，
維持住你們之間原有的親密感。

當了孩子的爸媽，是使你們的關係更深一層，
而能夠更加體諒彼此，更能相互扶持，
千萬不要讓孩子變成你們之間僅存的維繫啊！

無時無刻，你都還是那個自己，
無論你是否有交往對象、單身或已婚、是否已當了媽媽，
別忘了，都要當個可愛女人。

如何面對婚姻裡
最大的殺手，
外遇

現在的離婚率越來越高，

而造成離婚的原因之一，就是外遇。

如果真的很不幸地，發現先生有外遇怎麼辦？

外遇的人當然有錯，但是如果事情已經發生了，

除了傷心、難過與生氣，

你還是應該平靜下來，然後理性地思考，

這段婚姻，自己還想不想走下去？

如果你是因對方外遇，而正在處於談判階段的人，

就別浪費心力去管外人會怎麼想了，

你自己到底要什麼，比什麼都重要。

婚姻遭到背叛，甚至是被提出離婚，
我知道絕對有如晴天霹靂，
但是請留一些心力與腦袋，
去處理對小三的憤恨以外的事情好嗎？
尤其是會確切影響你自己或者孩子未來的那些事情。

小三到底是誰、她有多了不起，
都沒有比你自己的未來與權益重要！

當你的婚姻被傷害已成事實，
別再感情用事讓自己越來越混亂，
拿出勇氣與理性，好好解決問題吧！
這是為了孩子，也為了你自己。

如果對方願意回頭，你也希望繼續走下去，
你更應該知道，外遇代表的深層意義是，
無論心靈或身體，或甚至這兩者，
你都已無法滿足對方的需求，對方需要別人來滿足他。

為什麼會這樣？冰凍三尺非一日之寒，
很多問題都是慢慢累積出來的。

每對夫妻漸行漸遠的原因百百種，甚至很多難以啟齒，
真正的原因大概只有你們自己知道。

很多時候，彼此之間的問題才是原因，
外遇，只是這個原因引發的結果罷了。
如果你不知道原因，但想要原諒並修補關係，
那麼就該找對方溝通，把事情攤開來談清楚。

原諒，說起來已經不簡單，
執行起來則是更加困難的。

曾聽過有對夫妻，因先生曾經外遇，
妻子雖最後選擇原諒，但是從此疑神疑鬼，
稍有蛛絲馬跡，就會情緒失控。

不然就是吵架的時候，
永遠揪著先生曾經外遇的事情不放，

重複地踩著先生的罪惡感與愧疚，
不斷翻舊帳的結果，
最後兩人拖了幾年，還是離婚了。

你能做到從內心真正地原諒嗎？
如果不能，早點解脫或許對彼此都好。

有些夫妻選擇不離婚，
假裝沒發生外遇一事而繼續相處，
但是從此心中留下了疙瘩與心結，
再也沒辦法像從前那樣親密了。

雖然維持著婚姻的形式，卻從此相敬如冰，
這樣的婚姻，又有什麼意義呢？

如果要繼續走下去，
你們不應該只是「假裝沒發生這件事」，
而是應該徹底解決「發生這件事的根本原因」。

如果那個根本的原因，其實是解決不了的，
那麼你們更該好好討論繼續走下去的必要性。

原諒對方或者不原諒，其實是沒有對錯的，
努力過後，如果還是決定放棄，也沒有關係。

一定要記得，這是你的人生，
永遠把自己擺在第一順位做考量，
替自己做主吧。

離婚這件事

我在25歲時就早早結了婚，28歲生下女兒，
32歲時確定這不是我想要的婚姻，主動提出離婚。

有時候，認識新朋友，若聊到自己離婚了，
換來的大概就是一陣靜默與尷尬，
對方甚至會趕忙說抱歉，彷彿這是一個不能觸碰的話題。

其實，我一直都是很大方地面對離婚這件事，
不覺得這有什麼不能聊的，即便對我的孩子也是。

不過，大部分人對於離婚，

還是存在著很多的既定印象與誤解。

女人離婚，通常都是被男人拋棄？

難道不能是我們主動選擇結束？

女人離婚後，一定既孤單又可憐？

其實離開一個你不愛或者不愛你的人，是重生的開始！

處在名存實亡的婚姻裡，還要假裝快樂，反而比較可憐。

選擇離婚的一方，就是破壞家庭的元凶？

離婚只是最後的結果，

你怎麼知道婚姻的過程中，

選擇離婚的一方沒有努力維持過？

有時候就像談戀愛時提出分手的人，

只是比較有勇氣當壞人，

但是一段關係的結束，

從來就不只是表面上的誰拋棄誰這麼簡單。

很多人會說，為什麼不為了小孩忍一忍？

離婚對小孩不好！

但一對不相愛的父母，只怕他們的小孩也學不會怎麼愛。

離婚對小孩好不好，取決於這對父母處理離婚的態度，

以及日後雙方對小孩的心態是否健康，

並不是離婚就一定會給小孩負面的影響，

那是因為人們多半在離婚後，

都採取了負面的態度對待自己與孩子。

曾有一個讀者告訴我，她從小到大看著爸媽每天爭吵，

甚至動手，她沒有一天是快樂的，

直到現在長大後離家工作，爸媽仍沒有離婚，

但每次要返家與爸媽相處，都會感到很痛苦。

除了從小到大的心理壓力，

也讓她談戀愛時難以信任交往對象，

總覺得結婚到最後，是不是就會跟自己的爸媽一樣，

兩人被綁在一起卻分不開，

因而對踏入婚姻有所恐懼。

所以，為了孩子選擇不離婚，
對孩子真的有比較好嗎？

更別說有太多人是為了孩子而忍耐，
甚至會對長大後的孩子說出：
「沒離婚還不都是為了你！」這樣的話語，
孩子聽起來，只會覺得「原來都是我害的」，
而可能責怪自己一輩子。

我的想法是，
如果真心為了孩子好，就先為你自己好！

離婚後，讓自己過得好，維持正面的情緒與態度，
讓孩子知道，離婚只不過是兩個不適合的大人分開，
並不影響你們對孩子的愛！

即便你們離婚，仍然是孩子的爸、孩子的媽！
這是永遠不會改變的事實。

沒有快樂的父母，就不會有快樂的孩子。

我是離婚單親媽，我可以很驕傲地說：
「我過得比離婚前更好，
　　而且我的女兒過得比誰都快樂！」

如果現代社會的離婚率就是這麼高，
我們是否更應該學會，
離婚之後的情緒管理與對孩子的正面態度，
將離婚這件事的負面傷害降到最低呢？

親愛的，我絕對不是鼓勵你為了一點小事就離婚。
我自己思考這件事，思考了四年之久才下最後決定，
結婚是人生大事，離婚更是！

成年後的我們，每一個重大決定都將影響我們的一生，
感情事，沒有怎麼做才是對的，
不過就是一個選擇而已，
選擇了什麼，自然就會有相對要承擔的事。

如果你的選擇跟我一樣，決定為自己而活，
那我要說：「恭喜你，並且為你的堅定與勇氣喝采！」

活出自我，
無所畏懼

我向來大方談論自己的離婚，於是許多人問我，
這個社會對於「離婚」這件事情，
多半仍帶有負面的印象，
很難不被貼標籤、不被說閒話，
關於這一點，我是怎麼克服的？

的確，這恐怕是大多數人在面臨是否要離婚時，
會感到惶恐的原因之一。

無論到底是什麼原因導致離婚，只要你婚姻失敗，
這個社會恐怕會對你貼上許多標籤。

如果你長得漂亮或比較重視外在的打扮，
可能會被認為無法相夫教子。

如果你的事業成功，
可能會被說八成太過強勢，沒有兼顧家庭。

如果結婚多年沒有生孩子，
又會被猜測是不是生育能力有問題。

或許很多女性，就因為社會的偏見與歧視，
而沒有勇氣選擇離婚。

我的想法是，
你不可能控制別人要怎麼看你、怎麼想你，
以及要怎麼對你貼標籤，
事實上，這是別人的自由。

你能控制的，從來就只有你自己到底想做什麼。

如果你希望的是皆大歡喜的局面，

那麼我會建議你不要選擇離婚。

因為離婚這個決定，
的確可能會使很多人不能認同你、諒解你，
也可能會對你產生不同的看法，甚至遠離你。

即便是你的家人、親友、同事都這樣，
更何況是陌生人？

你要活出自我，還是活在別人的眼光裡，
這是你自己可以決定的！

我並沒有「克服」別人看我的眼光，
我也沒有「阻止」別人要怎麼看我，
我只是做了我想要的抉擇罷了。

奇妙的是，當你活得更好、更有自信，
把日子過得更好，
這些眼光就會自動改觀了！

我做出我認為正確的選擇，所以我不畏懼。

承認婚姻的不和睦並且選擇離開，
或者接受自己婚姻的失敗，的確非常非常需要勇氣，
因為那絕對比留下來，
需要面臨更多的改變、挑戰，並承受社會的眼光。

但是，婚姻明明不幸福、卻還要繼續偽裝下去的女人，
恐怕得用一生的時間作為代價，去維持這個美好的假象。

其實離婚這件事，真的沒那麼糟糕。

我們的一生如此短暫又寶貴，
從感情面來看，
無論兩個人是不適合還是不相愛，
分開總是對彼此比較好啊！

我有個也離婚的女性朋友說：
「離婚就像是把這本書看完了，再看下一本就好。」
雖然，並不是她想要離婚的，

但她終究接受了這個事實，
然後選擇用正面的態度繼續她的人生。

無論你婚姻幸不幸福，你都仍是原本的那個自己，
要結束一段長期的關係、離開一個曾經親密的伴侶，
對誰都絕對不好過。

你可以難過一陣子，但請不要消沉一輩子！

至於離婚後，是不是就要對婚姻、對愛情，
或者對所有的男人感到失望呢？

其實我覺得，
沒有必要因為一個錯的人，就否定了所有的一切。

離婚，是讓自己離開不適合的人，或者是不愛你的人，
雖然是一段結束，卻也讓自己擁有再次選擇的機會。

所以，為什麼要因為婚姻失敗，就封閉自己的心房？
那才是你最大的損失。

相信我，如果找到對的人，一切就都對了。

國家圖書館出版品預行編目（CIP）資料

女人要堅強而不逞強／周品均著. -- 二版. -- 臺北市：
商周出版：英屬蓋曼群島商家庭傳媒股份有限公司城
邦分公司發行, 2023.02
　　面；　　公分. -- (商周其他系列；BO0311X)
ISBN 978-626-318-560-9（平裝）

1.CST: 自我實現　2.CST: 生活指導　3.CST: 女性

177.2　　　　　　　　　　　　　　　111022142

商周其他系列　BO0311X

女人要堅強而不逞強（暢銷慶功版）

作　　　者／周品均
責 任 編 輯／張曉蕊、黃鈺雯
特 約 編 輯／Monica
封 面 攝 影／68 Studio 張盛傑
版　　　權／吳亭儀、顏慧儀、林易萱、江欣瑜
行 銷 業 務／林秀津、周佑潔、賴正祐、吳藝佳

總 　 編 　 輯／陳美靜
總 　 經 　 理／彭之琬
事業群總經理／黃淑貞
發 　 行 　 人／何飛鵬
法 律 顧 問／台英國際商務法律事務所
出　　　版／商周出版　臺北市南港區昆陽街16號4樓
　　　　　　電話：(02)2500-7008　傳真：(02)2500-7759
　　　　　　E-mail：bwp.service@cite.com.tw
發　　　行／英屬蓋曼群島商家庭傳媒股份有限公司　城邦分公司
　　　　　　台北市南港區昆陽街16號8樓
　　　　　　電話：(02)2500-0888　傳真：(02)2500-1938
　　　　　　讀者服務專線：0800-020-299　24小時傳真服務：(02)2517-0999
　　　　　　讀者服務信箱：service@readingclub.com.tw
　　　　　　劃撥帳號：19833503
　　　　　　戶名：英屬蓋曼群島商家庭傳媒股份有限公司城邦分公司
香港發行所／城邦(香港)出版集團有限公司
　　　　　　香港九龍土瓜灣土瓜灣道86號順聯工業大廈6樓A室
　　　　　　電話：(825)2508-6231　傳真：(852)2578-9337
　　　　　　E-mail：hkcite@biznetvigator.com
馬新發行所／城邦(馬新)出版集團
　　　　　　Cite (M) Sdn Bhd
　　　　　　41, Jalan Radin Anum, Bandar Baru Sri Petaling,
　　　　　　57000 Kuala Lumpur, Malaysia.
　　　　　　電話：(603)9057-8822　傳真：(603)9057-6622　email: cite@cite.com.my

封面設計／張巖　內文設計暨排版／黃淑華、無私設計・洪偉傑　印　刷／鴻霖印刷傳媒股份有限公司
經 銷 商／聯合發行股份有限公司　電話：(02)2917-8022　傳真：(02) 2911-0053
　　　　　　　　地址：新北市231新店區寶橋路235巷6弄6號2樓

ISBN／978-626-318-560-9（紙本）978-626-318-561-6（EPUB）
定價／360元（紙本）　250元（EPUB）

城邦讀書花園
www.cite.com.tw

2020年2月初版
2024年4月二版7.5刷